清华大学附属中学

语文

专题学习

系列丛书

主编　张　锦

副主编　杨　玲　武晓青

吉日追远

清华大学出版社

北京

内 容 简 介

　　《吉日追远》是"清华大学附属中学语文专题学习系列丛书"中的一本,分为"阅读指津"和"阅读行动"两个篇章,"阅读行动"中包含"春节""清明节""端午节""中秋节"四个子专题。每个子专题有六个板块。其中有"生活中的节日""名家眼中的节日""学习任务""综合实践"四个固定板块,还有两个特色板块:"诗词话节日"板块用书法和吟唱的形式呈现每个节日最经典的一首古典诗词;另一个极具特色的板块分别是"春节读桃符""清明读介子推""端午读屈原""中秋读苏东坡",了解中华传统佳节,理解传统,传承文化。

图书在版编目(CIP)数据

吉日追远/张锦主编. —北京:清华大学出版社,2019(2024.6重印)
　(清华大学附属中学语文专题学习系列丛书)
　ISBN 978-7-302-51639-2

Ⅰ.①吉…　Ⅱ.①张…　Ⅲ.①中学语文课-教学参考资料　Ⅳ.①G634.303

中国版本图书馆 CIP 数据核字(2018)第 257350 号

责任编辑:赵轶华
封面设计:傅瑞学
责任校对:赵琳爽
责任印制:杨　艳

出版发行:清华大学出版社
　　网　　址:https://www.tup.com.cn,https://www.wqxuetang.com
　　地　　址:北京清华大学学研大厦 A 座　　　　　**邮　　编**:100084
　　社 总 机:010-83470000　　　　　　　　　　　　**邮　　购**:010-62786544
　　投稿与读者服务:010-62776969,c-service@tup.tsinghua.edu.cn
　　质量反馈:010-62772015,zhiliang@tup.tsinghua.edu.cn
印 装 者:三河市人民印务有限公司
经　　销:全国新华书店
开　　本:185mm×260mm　　　**印　　张**:9　　　**字　　数**:152 千字
版　　次:2019 年 10 月第 1 版　　　　　　　　　**印　　次**:2024 年 6 月第 8 次印刷
定　　价:38.00 元

产品编号:081125-02

编　委　会

丛书序言

2017 年颁布的《普通高中语文课程标准》中提出了语文课程的基本理念：坚持立德树人，增强文化自信，充分发挥语文课程的育人功能；以核心素养为本，推进语文课程深层次的改革；加强实践性，促进学生语文学习方式的转变；注重时代性，构建开放、多样、有序的语文课程。基于以上理念，我们认为，语文教育的最终目标是依托祖国语文为学生构建精神家园，培养全面发展的人。我们的语文课程，要在语言建构与运用、思维发展与提升、审美鉴赏与创造、文化传承与理解四个核心素养分支上，给学生以潜移默化的影响。在时代的新要求下，语文教学内容与教学模式的革新势在必行。

自 2012 年起，清华大学附属中学(以下简称"清华附中")初中语文组开始了一场教学模式的变革——专题教学。七年琢磨，美玉渐成。我们无比珍惜这七年教学实践中的甘苦与得失，想到其中或许有值得广大读者借鉴之处，因而撮其精要，编成了这套丛书。本丛书既有丰富多样的选文，也有为初中读者量身定做的学习任务单；既可以"用眼睛来读"，作为学生课余自读的文选；也可以"用笔来读"，进入课堂。本丛书诞生的过程及基本架构如下。

清华附中初中语文组对专题教学的探索始于 2012 年。邱晓云老师正任教初一，她以朱自清的《背影》为主要精读篇目，汇入三毛的同题散文，另选张晓风的《母亲的羽衣》、老舍的《我的母亲》、季羡林的《赋得永久的悔》等一系列关于父母亲情的散文，设计了"我的父亲母亲"专题，在两个班级进行了教学实践，取得了良好的效果。

2013 年，时任备课组组长的王丽丽老师带领初中 2012 级七位语文老师全员跟进，以集体智慧投入专题教学的实践中，设计并实践了"走近诗人毛泽东""祖国民族之爱""格物致知""象征，象征的"等专题教学。专题教学在 2012 级开展两年之后，该备课组各项教学调查指标均领先于其他学科备课组，教学效果显著。

2014 年，时任教研组组长的王俊婷老师邀请邱晓云老师向全组介绍专题教学设计和实施的经验，推动专题教学在初中三个年级同时开展。自此，多个专题百花齐放。我们经过反复实践，收获了八个较为成熟的专题设计，分别是"致童年""多彩四季""传统文化""我的父亲母亲""祖国民族之爱""长征和红色经典阅读""小说之林"和"诗歌专题"。

专题教学在清华附中，就是这样由一位老师的课堂创新，酝酿为改变整个初中语文教学模式的革新,而革新的动机,正是着眼于新形势下立德树人的要求,源自我们对提升学生学科核心素养的追求。

专题教学的特点之一在于教学内容的重构。《义务教育语文课程标准》的颁布,树立了体现时代精神的语文课程与教学的目标,标准的实施、效果的达成,都关系到"教什么"的问题。因此,要大力推行语文教学内容重构,而专题教学就是一种重构模式。

专题教学的特点之二在于它是语文教学的综合改革。伴随着内容的重构,语文课堂教学活动、课后作业设计、语文综合实践活动的开展都因此而全面变革。课堂对话的有效性,问题提出的针对性,活动设计的艺术性,知识能力和情感、态度、价值观的融合性都受到了充分关注。专题教学像杠杆一样撬动了语文教学的变革,给语文教学带来了崭新的气象。

提升学科核心素养的目标是培养全面发展的人。专题教学以其主题的鲜明性、文本组建的合理性、阅读范围的广阔性、问题探究的深入性、教学活动的生动性,全面打造优秀的学习者。七年磨一剑,我们在实践中越来越清晰地认识到,初中语文专题教学是解决传统语文教学"少、慢、差、费"的有益尝试,是语文教学深入综合改革的有力举措,是发展学生核心素养的有效途径。

专题教学也滋养着教师的专业发展。专题教学选文打破了教材藩篱,学习活动的设计力求活泼多样,更适于团队合作完成。在集体备课的过程中,资深教师以丰厚的经验引领团队,身先士卒;年轻教师则可发挥专业特长,扬长补短,释放创造活力,形成集体合力。因此,专题教学有助于促进每一位教师的专业发展,提升职业的成就感和幸福感。

清华附中初中语文组在专题教学上所做的深度开掘,建立在我们长期坚持的教学实践与研究并重的传统之上。2006 年起,时任教研组组长的高慧娟老师,牵头编写了人文类的阅读丛书,没有正式出版,供校内选修课使用。2014—2015 年,继任教研组组长的王俊婷老师带领全组老师编写了《诗风词韵》《散文名家》《古文华章》三本书,深受师生和家长的喜爱,至今还在不断重印。我们所编写的内容全部来自学生发展的实际需要,来自平时教学实践的积累,是真正由一届届师生共同创造、共同打磨出来的教学成果。从高慧娟老师主编的人文类阅读丛书到王俊婷老师主编的读本,再到邱晓云老师主编的专题学习系列丛书,在三任教研组组长的引领下,清华附中初中语文组全体老师的智慧与汗水一点点凝聚成了丰硕的果实,渐成体系。从课外到课内,从拓展视野到提升素养,我们最关心并且持之以恒为之努力的始终是学生的需求。

2017 年秋季,我们着手整理五年间收获的专题教学资料,进行归类、合并与增删,结合最新课程标准、部编教材和实践效果,确定了八个聚焦方向,分别是:水木清华、名著悦读、吉日追远、天地大美、至爱亲情、青史丹心、格物致知、小说大道。2018 年 1 月,编写工作正式开始。仅仅一个多月的时间,八个专题读本雏形初现。为保证教学设计流畅无误并积累教学案例与学生作业,2018 年 3 月,我们组织学生试学,根据实践经验与教训,各册主编对书稿作进一步的修订。经过清华附中初中语文组全体同人的齐心努力,2018 年 5 月,书稿定稿,准备出版。

尤其让我们感动的是学生的参与热情。清华附中的同学们不但用心阅读选文、参与活动、完成任务单,更主动地对任务单提出了改进意见,其中特别富有创意的建议都被我们吸纳进了书稿中。清华附中 2012—2018 年间经历过专题学习的所有同学,都是书稿的共同创作者。有的同学高水平地完成了作业,有的同学设计了趣味性与启发性兼具的学习任务,更多的同学以听讲时全神贯注的目光、研讨时生动碰撞的思维激励着我们精益求精。

本丛书由《水木清华》《名著悦读》《吉日追远》和《文海撷英》四本分册组成,每本分册的内容架构如下图所示。

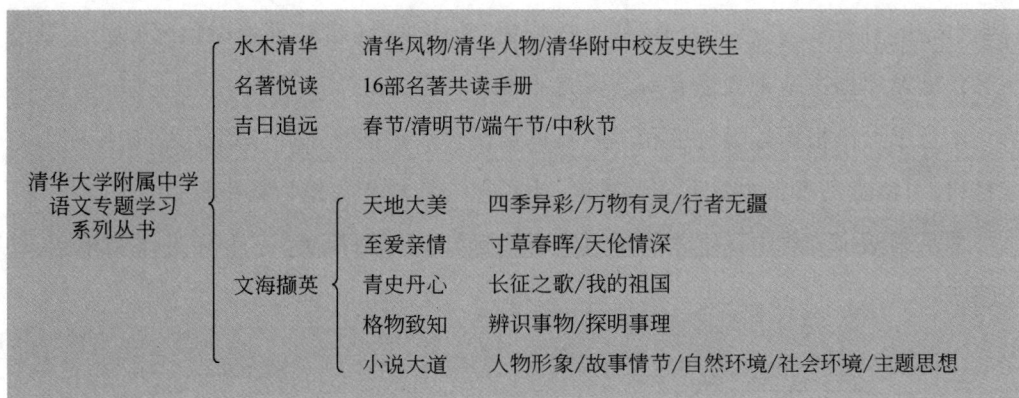

清华大学附属中学语文专题学习系列丛书	水木清华	清华风物/清华人物/清华附中校友史铁生
	名著悦读	16部名著共读手册
	吉日追远	春节/清明节/端午节/中秋节
	文海撷英	天地大美	四季异彩/万物有灵/行者无疆
		至爱亲情	寸草春晖/天伦情深
		青史丹心	长征之歌/我的祖国
		格物致知	辨识事物/探明事理
		小说大道	人物形象/故事情节/自然环境/社会环境/主题思想

《水木清华》一书是清华附中初中语文组积极开发身边教育资源的产物。清华附中紧邻清华园,我们汇集清华风物与人物,编成此书,希望能成为学生追溯清华历史、领略清华精神的窗口。此书分为"阅读指津"和"阅读行动"两篇,"阅读行动"中包含三个子专题:"清华风物""清华人物""清华附中校友史铁生"。"清华风物"与"清华人物"分别摘选清华人文遗迹和英杰风骨的相关文章;史铁生是当代文学史上独树一帜的优秀作家,同时又是清华附中的校友,我们希望通过他的几篇代表作品,把这位扶轮问路的作家介绍给更多的初中学生。

《名著悦读》由 16 部名著的共读手册组成,分别是《朝花夕拾》《西游记》《骆驼祥子》《海底两万里》《鲁滨逊漂流记》《红星照耀中国》《昆虫记》《傅雷家书》《钢铁是怎样炼成的》《红岩》《艾青诗选》《水浒传》《三国演义》《儒林外史》《简·爱》和《论语》。这16部名著是部编教材和北京市中考说明所推荐的必读书目,我们为每一部名著编写了一套阅读任务,希望能借此同读者一起且读且思,进行创造性的阅读。

《吉日追远》可以当作一本"如何过一个有意义的传统节日"的指南书来读,内容涵盖春节、清明节、端午节和中秋节四个传统佳节。我们通过系列选文和任务设计,发掘节日中的文化意味,希望带领读者体验四季轮回中那些特殊日子的特殊意义。

《文海撷英》是五个专题的集合。"天地大美"以感受自然之美为主题,分为三个子专题:"四季异彩"选择了一组描绘四季景物的文章,"万物有灵"选择了一组在景物描绘中寄寓情志的文章,"行者无疆"选择了一组游记。"至爱亲情"以理解天伦亲情为主题,分为两个子专题:"寸草春晖"选择的是关于父母亲子之爱的诗文,"天伦情深"则选编了一组关于祖孙和兄弟手足亲情的文章。"青史丹心"以感悟爱国情怀为主题,两个子专题分别是"长征之歌"和"我的祖国",读者既可以读到红军将士的壮志雄心,也可以读到不同时代、不同国籍人民的爱国深情。"格物致知"是科普文阅读专题,分为两个子专题:"辨识事物"中选的是一组介绍事物性状的科普文,"探明事理"则是一组说明事理的科普文。"小说大道"从人物形象、故事情节、自然环境、社会环境、主题思想等角度循序渐进地带领读者学会鉴赏小说。

本丛书可以根据教学进度和学生具体情况灵活穿插在不同年级使用;如果用作自读材料,可由学习者自主掌握阅读进度,也可以与教材相关篇目搭配阅读。

本丛书四个分册中,《水木清华》《吉日追远》与《文海撷英》三个分册体例相同,如下图所示。

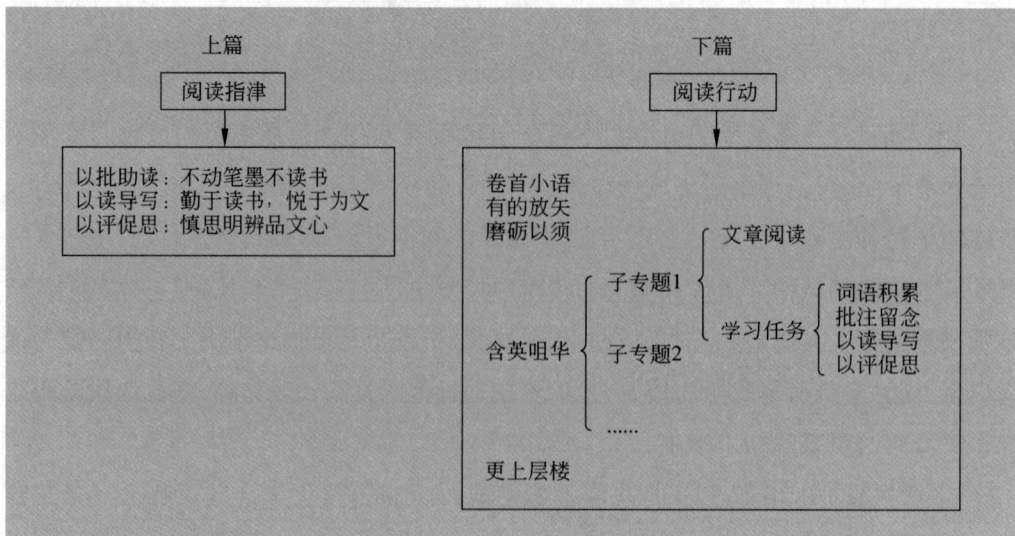

每册书分为"阅读指津"和"阅读行动"两个部分。

"阅读指津"中包含三篇指导性文章,分别是《以批助读:不动笔墨不读书》《以读导写:勤于读书,悦于为文》和《以评促思:慎思明辨品文心》。

在教学中,我们常常要求学生批注,可是效果却不尽如人意,很大程度上是因为欠缺关于批注方法的具体指导。针对学生的需求,迟旭和林加老师撰写了《以批助读:不动笔墨不读书》,具体指导学生应该如何进行阅读批注,其中既有概念的讲解,也有批注的分类和举例,相信能给学生提供一份实用的批注指津。

阅读与写作是专题教学的两翼,二者相辅相成,阅读能够提升写作的品格,而写作可以延展阅读的边界。本丛书强调读与写的结合,唐洁老师的《以读导写:勤于读书,悦于为文》广征博引,论述了阅读与写作相伴而行的意义,并进一步指出写作可以由模仿借鉴走向个性创造。

本丛书在写作训练上采取记叙与议论并重的策略,要求学生把阅读收获整理成文,学会写简单的文学评论,这样的训练对培养逻辑思维、批判性思维大有裨益。丁戊辰老师撰写了《以评促思:慎思明辨品文心》,讲解文学评论必要的要素和构思方法,相信会对学生试水文学评论有所帮助。

"阅读行动"部分是每一册书的主体。

第一部分"卷首小语",是对本册内容的简介,它像一扇小小的窗,引导学习者窥见满园景致的一角,引人探胜。

第二部分"有的放矢",简明扼要地列举了学习目标,使学习者一目了然,学完之后可以回头对照,对学习效果进行测试和评价。

第三部分"磨砺以须",设计了1~2项任务,旨在为学习者构筑情境,导入专题;用于课堂教学时,教师亦可借此了解学情。

第四部分"含英咀华","英"即美文佳篇,这个部分下多包含2~3个子专题,每个子专题下又分文章阅读和学习任务两个分支。每个子专题的学习任务均有4项。需要说明的是,本部分选文全部根据权威出版社出版的版本做了精准的校对,一些字词的用法与当代汉语使用习惯或有出入,为了尊重原文,未作修改。

第一项任务是词语积累。我们希望学习者在阅读文章的同时,把喜欢的词语摘抄下来,扩充词汇量。书中还特意设计了田字格,希望学习者能够工整规范地书写汉字。

第二项任务是批注留念。我们为批注留出专门的空白区域,希望能帮助学习者养成用心阅读、随手批注的良好习惯。

第三项任务是以读导写。这项任务旨在引导学习者把阅读经验转化为写作实践经验,具体任务类型有仿写、改写、续写等。

第四项任务是以评促思。这项任务要求学习者整理阅读收获,学写评论文章,提升研究能力。

当学完所有的子专题后,学习者就可以借"更上层楼"对本专题学习的收获进行一场"汇报演出"。"更上层楼"从阅读理解、文章写作和综合实践三个方面引导学习者总结学习成效。阅读理解、文章写作旨在借专题之东风,适当做一些应试的训练;综合实践打通学科分界,倡导团队合作,最终完成提升语文核心素养的任务。

《名著悦读》分册仍由"阅读指津"和"阅读行动"两部分组成。不同的是,"阅读行动"部分是 16 部名著的共读手册。每一份共读手册中设有导读小语、故事驿站、人物画廊、探情索意、精读深思、援疑质理、他山之石、百花齐放八个栏目,分别从了解作者与背景、梳理与概括内容、分析与感悟人物形象、探讨作者情感与态度、片段精读、提出疑问、资料查阅、自主探究等方面引导学习者进行深度阅读。

本丛书是清华附中初中语文组对过往专题教学成果的阶段性总结,也是今后教师们进一步探索的基础。这套丛书可以作为教师组织教学的有效依托,也可以提供给学生作为课外阅读用书;教师可以参考它设计教学,更可以另辟蹊径,在专题教学这座宝矿中开掘自己的宝藏。

本丛书的诞生,离不开清华附中校领导的支持和关怀,离不开语文教育学界多位专家学者的引领,离不开清华大学出版社编辑老师们的辛勤劳动,更离不开清华附中教师团队一代代薪火相传的钻研精神,离不开语文教研组团结一心、朴实奉献的组风。我们在此表达最诚挚的感谢!

最后,希望阅读至此的你已经迫不及待要随我们开始一段奇妙的语文之旅;祝愿我们的丛书能够成为你漫长阅读生涯中的一位知音。

清华附中初中语文组
2019 年 2 月

前言

中央电视台近几年相继推出了"中国汉字听写大会""中国诗词大会""国家宝藏""经典咏流传"等经典栏目,这意味着国家对传统文化的呼唤,社会需要传统文化的回归。

《义务教育语文课程标准(2011年版)》的课程目标中明确提出要"认识中华文化的丰厚博大,吸收民族文化智慧。关心当代文化生活,尊重多样文化,吸取人类优秀文化的营养。"清华附中在引导学生对中华民族传统文化的继承上一向走在教育前沿。连续三年"中秋诗会"的成功举办、民乐团传统曲目的精彩表演、学生节上"飞花令"的热烈场面,无不体现出清华附中对传统文化的高度重视。

在传统文化中,传统佳节源远流长,贴近百姓。每年的春节,不管是深山中的老妪,还是都市中的精英,都举杯共饮;不管是在北京、上海,还是在伦敦、纽约,都有一样的团圆祝福。这是一种集体的记忆、集体的狂欢。体验传统佳节的习俗,思考传统节日的文化意义,这是能触摸到中国文化命脉的事。在这样的背景下,《吉日追远》这本书便应运而生了。

本书分为"阅读指津""阅读行动"两个部分。"阅读指津"的目的与作用见丛书序言。"阅读行动"中有"卷首小语""有的放矢""磨砺以须""含英咀华""更上层楼"五个部分。现就"含英咀华"的编写做重点介绍,其他部分的目的与功用在丛书序言中有详细的介绍。

本书"含英咀华"有四个子专题,分别是"春节""清明节""端午节"和"中秋节"。

每个专题有六个板块,其中"生活中的节日""名家眼中的节日""学习任务""综合实践"这四个板块内容固定。"生活中的节日"从节日由来、节日习俗两个方面简单介绍每个节日的基本知识,内容力求简洁,重点突出每个节日的核心内容。"名家眼中的节日"精选了三篇名家写节日的美文,让学生们学习体会名家笔下多姿多彩的节俗。"学习任务"中有两个贯串全书的任务是书法练习和批注留念。这两个任务体现了语文学习必须重视平时积累和个人见解。"以读导写"通过阅读前面的名家美文指导提升学生的写作能力。本书特别突出训练场面描写。"以评促思"注重引导学生关注名家美文中种种值得思考的思想碰撞,在思考讨论中提升思维能力。"综合实践"针对每个节日的特点,设计了很多新颖有趣的活动,让学生在体验、设计中去了解传统节日,走近传统文化。

本书每个子专题各设计了一个极具特色的板块,分别是"春节读桃符""清明读介子推""端午读屈原""中秋读苏东坡"。有桃符的历史发展和俏皮文言小笑话,有关于介子推的不同典籍记载的故事,有屈原的名句名诗和他人读屈原,有关于苏东坡的有趣小故事……这个板块集知识性和趣味性为一体,是对每个节日子专题的拓展和深化。

诗词话节日板块充分体现了清华附中的特色。我们挑选了每个节日最经典的一首古典诗词,用书法和吟唱的形式呈现。书法作品均由张伟老师指导清华附中清兰书法社学员所写。四首诗词的吟唱由林加老师指导清华附中西园诗社的学员完成录制,扫二维码就可以看到视频,这种现代化手段让本书鲜活立体起来。

本书在编选文章和专题分类时既充分参考了部编教材,又关注了清华附中的个性特点和需求。在与教材的关系上,体现了课内外的有机结合,是学生课内学习的提高和拓展。比如"端午读屈原"和"中秋读苏东坡"两个板块,屈原和苏东坡其人其文是课内语文教学的重点内容,这两个板块是对课内知识广度和深度的拓展。在关注校本方面,体现了清华附中的价值追求,是学生人生成长的营养和土壤。比如在本书的综合实践中让学生选择春节、清明节、中秋节其中一个写一段申遗理由,体现了对传统文化的继承、思考和保护。所以,本书可以是课上教学的教材,也可以是课下阅读的读本。师生共读,教学相长。

那么,从本书中,我们能够收获什么呢?

一、通过体会不同作家的语言风格,区别不同文体的语言特点,学会针对不同的目的运用适当的语言

本书中有描述节日情景的小说选段,如沈从文的《端午日》:

"带头的坐在船头上,头上缠裹着红布包头,手上拿两支小令旗,左右挥动,指挥船只的进退。擂鼓打锣的,多坐在船只的中部,船一划动便即刻嘭嘭铛铛把锣鼓很单纯地敲打起来,为划桨水手调理下桨节拍。一船快慢既不得不靠鼓声,故每当两船竞赛到剧烈时,鼓声如雷鸣,加上两岸人呐喊助威,便使人想起小说故事上梁红玉老鹳河水战时擂鼓的种种情形。"

干净流畅的语言,写出了南方小城端午日赛龙舟的盛况,笔下的热闹场面令人心驰神往。

有介绍节日由来的说明文，如"生活中的节日"介绍四个节日的由来和习俗，层次清晰，语言简洁准确，让我们体会到语言逻辑的美。

有大家传神的人物传记，如林语堂的《苏东坡传》中的故事；也有文人经典的古典诗词，如苏轼的《水调歌头》。

小说的干净流畅，说明文的准确清晰，传记文学的艺术写实，诗词的典雅精练——在这里，我们可以看到各种面貌的文章；在这里，我们可以体会到不同类型文章的妙处；在这里，我们还可以领略到传统节日文化的精彩；最终，我们在这里学会根据不同目的熟练地运用适当的语言表达。

二、通过体会和思考专题文章中传统佳节呈现出的传统与现实的碰撞，发展和提升辩证思维能力，树立文化批判意识

随着时代的发展，传统佳节的过节形式慢慢发生了变化，很多曾经在人们生活中非常重要的节日习俗已经消失，或者只能在一些农村地区才能看见。人们生活水平提高了，但似乎过节的快乐反而减淡了。这样的变化，很多人注意到了，并且开始思考。比如冯骥才在《年夜思》中这样写道：

"我有时奇怪。像旧时的年，不过吃一点肉，放几个炮。但人们过年怎么会有这么大的劲头？那时没有电视春节晚会，没有新春音乐会和新商品展销，更没有全家福大餐。可是今天有了这一切，为什么竟埋怨年味太淡？我们怀念往日的年味，可是如果真的按照那种方式过一次年，一定会觉得它更加空洞乏味了吧！

我想，这是不是因为我们一直误解了年？"

这样的反思能够带动大家的思考。在阅读了一篇篇或介绍，或描述，或吟咏传统节日的文章后，我们会充分感受到过去过传统佳节时，那种或热烈，或神秘，或肃穆，或温馨的氛围。尤其在看到那些已经消失的节俗场景时，令人不由感叹："原来还有过这样有意思的习俗啊！"但是分析一些习俗消失的原因，我们就会发现，这些习俗的传承或消失，都有其历史和现实的原因，我们应该以辩证发展的眼光来看待传统习俗，也应该批判地继承传统文化。这样的思考，对提升自己的辩证思维能力、树立文化批判意识是很有帮助的。

三、通过阅读风格各异的专题文章和体验传统习俗，提升审美品位，激发创造性思维

有这样一个小故事。

宋朝时，有一次画院考试，画题是一句诗："踏花归去马蹄香。"这句诗的意思很明白，但难就难在一个"香"字如何表现。而这句诗的诗眼就在于一个"香"字，非画出来不可。

有的画家在画面上画了许许多多的花瓣儿，一个人骑着马在花瓣儿上行走，表现出游春的意思；有的画家画了一位跃马扬鞭的少年，在黄昏疾速归来；有的画家干脆在画面上画了一只大大的马蹄子，特别醒目。

只有一位画家独具匠心，他的画面是：在一个春天近黄昏的时刻，一个游玩了一天的官人骑着马回归乡里，马儿疾驰，马蹄高举，几只蝴蝶追逐着马蹄蹁跹飞舞。

考卷交上来以后，主考官看见蝴蝶追逐马蹄蹁跹起舞这一幅时，拍案叫绝。

这位画家用了几只蝴蝶就把看不见的香气具体表现出来了，而且使人感到春意盎然，衬托出了游人的愉快心情，使整个画面更加生动。这位画家获得成功的关键在于他能认真审题，巧妙地构思。

这样的妙思，让人不由得感觉：生活中处处有创造。创造性思维会让生活多么丰富多彩！奇思妙想在情景活动中最容易被激发。

本书除了有风格各异的专题文章，还有大量的活动设计。比如春节设计年夜饭菜谱，和家人体验一次已经消失的习俗，自己设计桃符；清明节设计风筝图案并写一首三行诗；端午节编制五彩祈福粽，以"龙舟与端午"为主题设计手机保护壳或手机屏保壁纸，并写一句广告词；中秋节学唱《水调歌头·丙辰中秋》(《九宫大成谱》版本)，玩飞花令，设计亲子签名，等等。

这些活动围绕着传统习俗，或体验，或设计，或书写，或画画，涉及方方面面能力要求，提高了学生的核心素养，锻炼了学生的综合能力。在一个又一个节日活动的体验中，在一次又一次各具特色的奇思妙想中，慢慢靠近文化传统，提升审美品位，激发精彩创造。

四、通过阅读和体验传统节日习俗，认识中华文化的博大精深，吸取优秀文化营养，传承优秀文化传统，树立文化自信

著名学者康震在记者专访中曾经说过：

"我们的教育是要培养我们的孩子、我们的青少年的综合素养、人文素养，特别是培养他们成为热爱自己的家国，热爱自己的人民，热爱社会上一切的人群。如果树立这样一种教育的价值观，那么自然就会在全社会真正形成一种学习传统经典、学习传统文化的氛围。因为，中华民族的形成，包括中华文化的凝聚力，也包括中国社会的稳

定延续,都是靠着一代又一代中国人,用这些传统的文化,或者说用不断创新的传统文化来养育着的。"

传统佳节在中国的传统文化中是最接地气的,几千年来融入人们生活的方方面面。正如习总书记所说:"中华优秀传统文化已经成为中华民族的基因,植根在中国人内心,潜移默化地影响着中国人的思想方式和行为方式。"正因如此,我们更加有必要了解传统节日习俗,思考传统节日现状,进而认识中华文化的博大精深,关心当代文化生活,吸取优秀文化营养,传承优秀文化传统。

本书既是清华附中学生理解和传承传统文化的读本,同时也适合全国各地的中小学生了解传统节日,学习传统文化。

翻阅《吉日追远》一书,就如同进行一场精彩纷呈的传统文化旅行。缓缓穿过春夏秋冬,细细品味四季佳节,脉脉触摸文化脉搏。我们的佳节,我们的文化,我们的根。

清华附中初中语文组

2019 年 2 月

目录

📖 上篇　阅读指津 / 1

● 以批助读：不动笔墨不读书 / 2

● 以读导写：勤于读书，悦于为文 / 7

● 以评促思：慎思明辨品文心 / 9

📖 下篇　阅读行动 / 13

● 卷首小语 / 14

● 有的放矢 / 15

● 磨砺以须 / 16

● 含英咀华 / 18

　春节 / 18

　　生活中的节日 / 18

　　名家眼中的节日 / 19

　　春节读桃符 / 27

　　诗词话春节 / 31

　　学习任务 / 32

　　综合实践 / 36

　清明节 / 41

　　生活中的节日 / 41

　　名家眼中的节日 / 42

　　清明读介子推 / 47

　　诗词话清明 / 52

　　学习任务 / 53

　　综合实践 / 59

　端午节 / 62

　　生活中的节日 / 62

　　名家眼中的节日 / 63

端午读屈原 / 68

诗词话端午 / 74

学习任务 / 74

综合实践 / 78

中秋节 / 82

生活中的节日 / 82

名家眼中的节日 / 83

中秋读苏东坡 / 88

诗词话中秋 / 100

学习任务 / 101

综合实践 / 106

● 更上层楼 / 108

阅读理解 / 108

文章写作 / 115

写作指导 / 115

写作实践 / 117

综合实践 / 122

上篇
阅读指津

以批助读：不动笔墨不读书

同学们，当你翻开这套丛书，你将看到意趣交叠的旧时光，看到温暖感人的融融亲情，看到壮阔秀丽的祖国山河，看到……你开始思考，你想要表达，你迫切地想和这些名篇交流，像与故友重逢般谈叙，又像新逢知己一样炽烈。如何更好地与这套丛书交流？给大家推荐一种读书方法——批注阅读。

一、批注是什么？

所谓"批注"，由"批"和"注"构成。"批"即批语，多指用文字判定是非、优劣；"注"即注释，多指用文字来解释字句。批注既可以作为动词，指写批语和作解释两个动作；又可以当名词用，指写下的批语和解释的文字。

批注作为一种评价文学作品的方法古已有之，究其渊源当与评点有关。评点最初主要见于诗文，唐宋以后开始见于小说。在明末评点家金圣叹的推动下，评点发展成了一种独特的文学批评形式。金圣叹评点《水浒传》《西厢记》时，有诸多关于小说情节、结构和人物塑造等的观点，这些散落的观点集合起来，便是他有关文学创作的理论体系。可见，评点是古人表达观点态度和学术研究的阵地。其实，批注不仅仅是评点家们批评文学的法宝，也是我们每个学习者读书和进取的一种好方法。读文章时，标点、字、词、短语、句子、段落、图表，文章中的所有内容都是可以批注的范围；文章的结构、内容、主旨、写作手法、语言特色等都是可以批注的角度。

二、怎样做批注？

那么应该怎样做批注呢？完整做批注的步骤应当至少包括三步：确定批注对象；

找准批注位置;撰写批注内容。

确定批注对象就是要弄清楚自己想要批注什么。这里确定批注对象可以使用圈点标记的方法,利用诸如圆圈、三角号、点号、横线、波浪线、数字番号等符号标记批注对象,起到提示内容、引起重视的作用。在日常阅读中,同学们可以根据自己的阅读习惯,设计一组圈点符号,用不同的符号代表不同的提示。

圈点完批注对象后,要在文章或书本中选择合适的位置撰写批注内容。批注位置可以在文段两旁,叫作"旁批";可以在文章上方页眉处批注,叫作"眉批";也可以在文段之间空白处批注,叫作"夹批";还可以在文章结尾空白处批注,叫作"尾批"。如何选择合适的位置?一般来说,首先考虑就近原则,即在距离确定的批注对象最近的空白处完成批注。但当空白处不足时,则可以适当改变位置,或者是补添纸张人为创造空白。此外,眉批和尾批往往还会有"总评"的性质。

撰写批注内容则是这部分的核心。我们可以把批注的内容分为五类:注解式批注、质疑式批注、品评式批注、感发式批注、补充式批注。

注解式批注是指阅读者对原文进行注音、释义,比如添加拼音、字词解释(包括字词基本含义解释和专有名词解释等)。注解式批注有助于阅读者复习和运用旧知识解决问题,也可以成为阅读者主动积累新知、解决问题的一种方式,其核心作用在于知识积累和简单运用。

示例中,袁行霈先生评点时提及"这'折柳'二字既指曲名,又不仅指曲名。折柳代表一种习俗……",这是对"折柳"一词的解释,然后才有进一步的分析。注解式批注是进行批注活动时常用的方法,也往往为品评式批注奠定基础。

【示例】

原　　文	批　　注
谁家玉笛暗飞声, 散入春风满洛城。 此夜曲中闻折柳, 何人不起故园情。 ——李白《春夜洛城闻笛》	第三句的修辞很讲究,不说听了一支折柳曲,而说在乐曲中听到了折柳。这"折柳"二字既指曲名,又不仅指曲名。折柳代表一种习俗,一个场景,一种情绪,折柳几乎就是离别的同义语。 ——袁行霈

质疑式批注是指阅读者对批注对象产生了疑惑,比如,可以是对某个字词的基本意思、读音的疑惑,也可以是对某个句子意义内涵的疑惑,还可以是对某段话或整篇文章内容、情感、手法、结构等方面的疑惑。

　　示例中的批注是针对《卖油翁》这篇文章的整体内容和主旨提出的质疑,这个质疑有助于进一步探讨文章的内涵。在日常阅读中,阅读者需要在确定好批注对象后,立即把疑惑记下来。质疑式批注是一种很好的批注方法,有助于促进阅读者边阅读边思考,提高阅读效率和质量。

　　【示例】

原　　文	批　　注
康肃问曰:"汝亦知射乎? 吾射不亦精乎?"翁曰:"无他,但手熟尔。"康肃忿然曰:"尔安敢轻吾射!"翁曰:"以我酌油知之。"乃取一葫芦置于地,以钱覆其口,徐以杓酌油沥之,自钱孔入,而钱不湿。因曰:"我亦无他,惟手熟尔。"康肃笑而遣之。 　　　　——节选自欧阳修《卖油翁》	高超的箭法真的能等同于往葫芦里灌油吗? 　　　　——节选自《义务教育教科书语文》七年级下册

　　品评式批注是指对批注对象进行品味和评价。品味是指对批注对象进行赏析,例如,从结构角度品味批注对象,需要分析这些句段里如何体现文章结构、层次和顺序;从写作手法角度品味批注对象,就需要分析它的表达方式、修辞手法和写作手法,并分析这么用好与不好。评价则是阅读者对批注对象的看法、观点和疑惑,例如可以评价文章的情感、意义等。

　　在日常运用中,阅读者一定要选择批注的角度来进行品评,这样才能有下笔撰写的方向。比如,示例中孙绍振老师从写作手法的角度抓住原文"偷偷地"等关键词,品评了句子的内涵和其中包含的情感。品评式批注是最常见的批注法,是阅读者赏析和评价文章、语段的重要方法,是锻炼和提升文学鉴赏与批评水平的重要途径。

　　【示例】

原　　文	批　　注
小草偷偷地从土里钻出来,嫩嫩的,绿绿的。 　　　　——节选自朱自清《春》	在他的笔下,草是"偷偷地"从土里"钻"出来的。这个"偷偷地"是一个关键词,这里表现的不仅仅是草一下子冒出来,而且是一种突然的发现:没有注意,一下子就长出来了。这三个字透露出一种无言的喜悦。 　　　　——节选自孙绍振《名作细读:微观分析个案研究》

　　在阅读完一个语段之后,阅读者在理解语段的基础上产生了感悟与启发,并通过

批注的方式写下来,就是感发式批注。感发式批注包括两个层面:一个是认识层面;另一个是行动层面。认识层面是指阅读者阅读完语段后,认识到了一些道理,获得了感悟和启发,然后写下这些认识。行动层面是指阅读者阅读完语段后,认识和学习到了一些方法,想要把这些方法实践到自我的生活中,并撰写行动计划。

感发式批注不再是以品评者的视角去分析一句话、一篇文章的内容、情感、手法等,而是强调读完之后对读者来说有何思想体会,或者对读者的现实生活有什么指导意义。这是读者与作品进行深层沟通的一种途径。正如示例所示,王国维通过读这些诗句,想到的是人生大事,关乎成大事业、大学问的事,而不再是诗词本身的内涵。这就启示同学们,感发式批注除了写情感认识层面的思想体会,还可以学习文中的方法和经验,并尝试用这些经验来影响、改变自己的学习和生活,让阅读进入自己的日常真实生活。

【示例】

原　文	批　注
昨夜西风凋碧树。独上高楼,望尽天涯路。 　　——节选自晏殊《蝶恋花》 衣带渐宽终不悔,为伊消得人憔悴。 　　——节选自柳永《蝶恋花》 众里寻他千百度,蓦然回首,那人却在灯火阑珊处。 　　——节选自辛弃疾《青玉案》	古今之成大事业、大学问者,必经过三种之境界。"昨夜西风凋碧树。独上高楼,望尽天涯路",此第一境也。"衣带渐宽终不悔,为伊消得人憔悴",此第二境也。"众里寻他千百度,蓦然回首,那人却在灯火阑珊处",此第三境也。此等语皆非大词人不能道。然遽以此意解释诸词,恐为晏欧诸公所不许也。 　　——节选自王国维《人间词话》

补充式批注是在理解批注对象的基础上,阅读者产生了联想、想象,想对原文的内容进行一些补充,这种补充形式可以是文字的、图像的,还可以是图示的。常见的补充式批注是续写文章或扩写句子、段落。当然,利用图像法给人物描写、环境描写的段落补充一个直观的画面,利用图表对一堆繁杂的数据进行直观化呈现,利用思维导图对一系列烦琐的步骤进行清晰地呈现,这些都是补充式批注的具体内容,是阅读者个性、创造性的体现,也是阅读者文段理解的一种表达。

【示例】

话说前《水浒》中,宋江等一百单八人,原是锁伏之魔,只因国运当然,一时误走,以致群雄横聚;后因归顺,遂奉旨征服大辽,剿平河北田虎、淮西王庆、江南方腊。此时道君贤明,虽不重用,令其老死沟壑,也可消释。无奈蔡京、童贯、高俅、杨戬用事,忌妒功臣。或明明献谗,或暗暗矫旨,或改赐药酒,或私下水银,将宋江、卢俊义两个大头目,俱一时害死。宋江服毒,自知不免,却虑李逵闻信,定然不服,又要生事,以伤其归顺忠义之名。因而召至楚州,亦暗以药酒饮之,使其同死;继而吴用、花荣亲来探望,见宋江死于非命,不胜悲痛,欲要再作风波,而蛇已无头,大势尽失,死灰不能复燃,遂同缢于蓼儿洼坟树之上。一时梁山好汉闻此凶信,俱各惊骇,不能自安;虽未曾尽遭其毒手,然惊惊恐恐,不多时早尽皆同毙矣。唯燕青一人,心灵性巧,屡屡劝宋、卢二头领全身远害,二头领不以为然。燕青因藏赦书,并金银财物,悄悄遁去,隐姓埋名,到各处遨游,十分快乐。

一日,忽重游到梁山水浒,见金沙滩边,寂寂寥寥,唯有渔樵出入;忠义堂上,荒荒凉凉,只存砍毁遗迹。回想当时弟兄啸聚,何等威风,今一旦萧条至此,不胜叹息了半晌。因又想到,若论改邪归正,去狼虎之猖狂,守衣冠之澹薄,亦未尝不是;但恐落奸人圈套,徒苦徒劳,而终不免,则此心何以能甘,此气何以能平!低徊了半晌,忽又想到,此皆我之过虑耳。一个朝廷诏旨,赫赫煌煌,明降招安,各加职任,地方为官,治政理民。奸臣纵恶,亦不敢有异。就是宋公明哥哥与主人卢俊义,亦要算做当今之豪杰。我苦苦劝他隐去,决不肯听从者,亦必看得无患耳。我今不放心者,真可谓过虑。想罢才去东西闲玩。虽说闲玩,然荆榛满地,只觉凄凉,无兴久留。因又渡过金沙滩来。

——【明】青莲室主人《后水浒》
《第一回　燕小乙访旧事暗伤心　罗真人指新魔重出世》

总的来说,批注是一种沿袭已久、方法明确、行之有效的读书方法。当然,批注也仅仅是万千读书法中的一种,它是重要的,但并不是唯一的。希望各位同学在阅读或学习这套丛书的时候,能积极运用批注读书法,收获自己的阅读体验,书写自己的阅读人生。让批注促进你的阅读,让阅读陪伴你的人生。

以读导写：勤于读书，悦于为文

　　语文学习有两件大事：阅读与写作。同学们有没有想过二者有怎样的联系呢？元人程端礼对此有一段精辟的比喻："读书如销铜，聚铜入炉，大鞴扇之，不销不止，极用费力。作文如铸器，铜既销矣，随模铸器，一冶即成，只要识模，全不费力。所谓劳于读书，逸于作文者，此也。"也就是说，勤于读书能够使写作变得轻松自然。的确，我们在写作中遇到的诸多问题，极有可能与我们读书的习惯和方法息息相关。

　　清人唐彪有言曰："腹空之至，将以何物撰成文艺。"读书首先能够帮助我们解决写什么的问题。无论是知识的增长，还是情操的陶冶，抑或是为人处世之道、修身立德之格，无一不靠读书而来。单篇文章、单元连缀，传统的教材组合方式容易让同学们对读书产生误解——读书就是读语文书以及读语文书上要求读的书。鲁迅先生说："爱看书的青年，大可看看本分以外的书，即课外的书，不要只将课内的书抱住。"清华附中初中语文组专题教学的突破性尝试，就是想告诉同学们，阅读的天地无限宏阔。读书既是在有字之书里涵咏古今，又是在无字之书中认识世界，终而丰富自我，润泽心灵。而作为一种自我表达的写作，也就是在这个阅读的过程中，配合着那不得不发之情、不抒不快之意，成为一种自我成长的必然。书本中的世界扩大了我们的生活空间，丰富了我们的心灵空间。作家毛姆曾从惠特曼的诗里得到启悟："诗歌不一定非要诞生于月光中，断壁残垣之上或者相思成疾的少女的愁苦中，诗歌也可以诞生于街坊中、火车上、汽船里，以及工匠辛勤的劳动中，还有农妇平凡的辛劳中，存在于生活中的时时刻刻。简而言之，诗歌存在于生活的每个角落。"阅读促使我们理解生活，感受爱意，认识真情；写作帮助我们提炼生活，珍藏记忆，铭刻美好。

　　"能读千赋，则能为之"，读书还可以帮助我们解决怎么写的问题。叶圣陶先生曾经说过："阅读是吸收，写作是倾吐，倾吐能否合乎法度，显然与吸收有密切的关系。"那么如何从阅读中汲取写作的养分，从哪些方面促进我们更好地写作，也是语文学习中需要解决的问题。《辞海》中在解释"模仿"时这样写道："从文学的角度看，人在掌握语言和各种技能的过程中，以及艺术学习的最初阶段，都要借助于模仿。自觉地效仿先进的榜样，作为进一步发挥创造性的基础。"一般来说，写作的起步常常依赖于模仿。李白"我欲因之梦吴越，一夜飞渡镜湖月"的奇诡想象到毛泽东主席笔下化作"我欲因之梦寥廓，芙蓉国里尽朝晖"的豪迈气象，清代小说大家曹雪芹的《红楼梦》中也屡屡可见明代戏曲《牡丹亭》的影子。诺贝尔文学奖获得者马尔克斯常说："学习写作总归要以前贤为楷模。"借鉴与模仿可谓是我们由读到写的起步之法，语言、结构、取材、立意无一不可仿而学之。

然而，起步并非止步，模仿虽可入门，但并非不二法门。语贵在新，文贵由己，写出个性也就意味着要读出个性，读出自我的独特体验。其中必须要调动的就是思考与想象。在阅读中发现问题、分析问题、解决问题，能让我们跳出人云亦云的藩篱，站在巨人的肩膀上，成就更好的自我。北京大学中文系教授曹文轩说："这世界上的许多写书人，不仅仅是将自己所具有的特别经验复述于人，还在于他们常仰望星空，利用自己的幻造能力，在企图创造新的知识，以引发新的经验。你得知了这些知识，它们就会在不知不觉之中引导你进行新的实践。它们能使你在面对许多从前司空见惯的事情时忽然发现了新意，甚至干脆让你发现许多事情——这些事情在未得知这些知识的预设之前，虽与你朝夕相处，你却毫无觉察。"老舍先生谈自己的读书经验时，认为自己收益最大的西方文学作品是但丁的《神曲》。这样一部上入天堂、下达地狱、包罗万象的作品启发老舍先生思考文艺创造的方法，体会肉体与灵魂的关系，从而引领老舍先生勇于冒险、不怕碰壁的创作实践。老舍作品中浓郁的京味儿，形象鲜明、千姿百态的市民王国，活泼幽默、睿智灵动的语言，无一不是其个性的彰显。

同学们，本册书每一个子专题都有"以读导写"任务，希望你能在这项写作中把阅读营养运用进去。在最后的"文章写作"板块中有写作指导文章《如何选材》，具体讲解了读书和写作之间互相促进的关系，希望可以帮助大家提高写作水平。

阅读不必然为了写作，写作亦不必然因为阅读。但是阅读与写作，都必然与我们成为怎样的人密切相关。阅读是心灵的滋养，写作是灵魂的飞扬，阅读与写作相得益彰，相伴相生，塑造我们的人格，涵养我们的性灵。希望同学们勤于读书，悦于为文，在提升语文素养的同时，拓展视野，提升格局，构筑自我的精神家园。

以评促思：慎思明辨品文心

读完一篇文章或一本书，我们或多或少总会有些感受。把这些感受写下来，就是文学评论。文学评论内容很广泛，可以鉴赏遣词造句，可以针对谋篇布局，可以探讨思想主题；态度上可以褒奖，可以批判，可以中立。写文学评论可以让我们更全面、更深入地理解文本。写评论可以帮助我们整理阅读思路，方便我们完善阅读策略，指导我们更好地进行写作。说了这么多，那么评论到底应该怎样写呢？

一、亮观点，摆证据，讲条理，抓重点

文学评论一定要有一个明确的观点。观点是评论的核心，明确了观点，评论就有了方向。在写评论的时候，不妨直接先把自己的观点、态度明确地写出来再展开论述。光有观点当然还不够，还需要有支撑观点的证据。大家可以在读文章的过程中边读边画，把觉得可以证明自己观点的地方画下来，在写评论的时候就可以用原文加引号的方式引用，这种方法叫作引述。此外，也可以在读懂文章的基础上，针对需要证明的观点，对文章内容进行概括，这种方法叫作概述。无论是引述还是概述的内容，都是评论时必不可少的证据。有了证据，我们的评论才能做到"有理有据，令人信服"。

文章读毕，各种想法和感受往往一齐涌上心头，在落笔写评论之前，一定要先理清思路，再按条理写评论。我们可以先从词句入手，到结构，再评论主题；也可以读到某个部分，记录下自己的感受，进一步阅读，再记录新增的感受；或者先写最表层的感受，再写更深入的感受；或者先写从文本所得，再写联想到的文本之外的感受……写作的顺序多种多样，但一定要有条理。评论文章没有必要面面俱到，只要抓住其中某一个角度重点展开就可以了，这个角度可以是阅读时体会最深的一点，可以是作者着力最

多的一点,也可以是读者觉得最需要探讨的一点、最为有趣的一点,等等。抓住重点展开可以把评论写得更细致、充分。

下面我们来看一篇例子。

评论语段	分析讲解
鲜灵的诗　流动的画 　　古往今来,多少文人墨客描写过风光旖旎的春天,抒发过春天无比的热爱和赞美。但是,像朱自清这样,"把一个完整的春天形象推到读者的眼前,就像一幅长卷风景画,而且这画是流动的、鲜灵的"还是少见的。作家先是宏观勾勒,"一切都像刚睡醒的样子,欣欣然张开了眼"总写春回大地、万物苏醒的神态,接着又分别从山醒、水醒、太阳醒三方面去写。山醒用了"朗润"一词,水醒用了一个"涨"字,太阳醒用了"红"字,要言不烦,形神俱至。微观描绘共有五幅画面:春草图、春花图、春风图、春雨图、迎春图。一幅图,一首诗;一幅图,一轴画。诗,是鲜灵的。你看,小草,是"钻"出来的,还"嫩嫩的,绿绿的",鲜灵吗?果树上的花,是"你不让我,我不让你"的,也是鲜灵的。春风是流动的,春雨是"密密地斜织着"的,也是流动的。至于人,"赶趟儿似的""抖擞抖擞精神",自不消言了。作家创作了五幅春的画面,把自己的真情融化其间,真是应了"一切景语皆情语"这句老话了,《春》这篇散文也就理所当然地成为中国现代文学史上的经典名作。 　　——节选自王恒娟《鲜灵流动的春天形象——朱自清散文〈春〉赏析》(有删改)	亮明观点,朱自清笔下的春天是一幅流动、鲜灵的长卷风景画。 　　引述原文语句,用"睡醒"来描写春回大地,突出了春天活动、鲜灵的特点。 　　概述文章内容,五幅春的图画,从不同方面描绘春景,共同构成了一幅长卷风景画。 　　总结,作者笔下鲜灵、流动的春天也是作者内心的写照。

上面一段评论,在开头先亮明自己的观点,认为《春》中的描写是流动、鲜灵的风景画。后面结合朱自清文中流动、鲜明的语句进行了引用赏析,也对全文图画式展开的结构进行了概括评论,就是我们前面提到的"证据"。再来看结构,评论开头先点出了整体的观点,在下文分条概述展开,最后再加以总结,采用了总分总的结构,逻辑严谨。在评论过程中主要分析了朱自清充满活力的清新文笔,对结构安排的分析要言不烦。

观点明确,证据充分,条理清晰,重点突出,是写评论文章必备的基本素质。

二、需知人,能论世,作比较,会迁移

文学作品不是凭空出现的,而是由作家写就的。文学评论不能仅仅关注文本本身,更要关注写出作品的作者。作者不同,作品的风格便大有不同。豪放派与婉约派、

现实主义与浪漫主义……作家所处的时代、地域也与作品的风格关系密切。先秦古朴,魏晋风流,盛唐气象……结合作家所处时代与作家生平经历,可以让评论内容更加饱满丰富。

另外,我们也可以把同一作家不同时期的作品拿到一起来评论,这样便可以看出作家本人风格形成的轨迹;也可以把同一时期不同作家的作品放在一起进行比较阅读,这样可以看出某位作家不同于常人的独特气质;我们甚至还可以把风格、内容、手法等任何有相似点的作品放在一起进行比较阅读,发现某一类文章共有的特性。之后我们还可以利用这样的共性特征,去迁移阅读同类文本。

下面我们来看一篇例子。

评 论 语 段	分析讲解
《江南逢李龟年》作于大历五年(770 年),此时距离杜甫在长安初逢李龟年已近五十年,对于"人生七十古来稀"的唐人来说,如此长久的一段时间足以令人感慨万千。况且在这段时间里,国家和社会发生了天翻地覆的变化,个人的命运也发生了惊心动魄的变化,这会给诗人带来何等深重的沧桑之感!……《观公孙大娘弟子舞剑器行》中说:"五十年间似反掌,风尘澒洞昏王室。梨园弟子散如烟,女乐馀姿映寒日。金粟堆南木已拱,瞿唐石城草萧瑟。"这五十年可不是太平无事的五十年,而是包括安史之乱在内的五十年……公孙的潇洒舞姿,李龟年的美妙歌声,本是开元盛世的一种象征,是繁华长安的一种点缀,如今诗人竟在远离长安的地方得以重见重闻,怎能不使他心潮澎湃! 然而江南又是远离京师的地方,对于名动京师的歌手李龟年而言,他最好的人生舞台当然是在长安。对于胸怀大志的杜甫而言,他得以实现报国宏图的人生舞台也应是长安。然而现在两人却在江南相逢了,他们是被命运抛到这遥远的异乡来的,江南相逢肯定会使他们产生暮年流离的感受。相逢的时节正是落花纷飞的暮春,此时此地,斯人斯景,诗人心中该有多少感慨! 正如近人俞陛云所评:"此诗多少盛衰之感,千万语无从说起,皆于'又逢君'三字之中,蕴无穷酸泪。"(《诗境浅说》续编) ——节选自莫砺锋《余音绕梁的〈江南逢李龟年〉》(有删改)	写杜甫个人的经历,说明他在写诗的时候内心波澜起伏。 引用杜甫的其他诗歌作比较,写出了杜甫对比现实,想起过去盛世时内心的失落。 写社会和时代对于杜甫作诗的影响。 运用其他人的品读,迁移协助评论,点出杜甫与故人重逢时内心的复杂感受。

上面对《江南逢李龟年》一诗的评论,不仅结合了杜甫的生平,也对杜甫当时所处的时代背景进行了分析。在唐朝由盛转衰的过程中,诗人与乐师一起经历了沧桑巨变,辗转再次在远离都城的江南重逢,想起当年的盛景,难免有黍离之悲。对比

杜甫另外的作品《观公孙大娘弟子舞剑器行》，也更能够突出杜甫内心的无奈与悲凉。

了解作者，结合时代，比较阅读，迁移运用，是拓展评论文章深度与广度的有效方法。

三、动真心，找角度，敢批判，有文采

阅读本身是一项非常个性化的文学活动，每个人在读完文学作品后，都会有自己独有的感受。把自己独有的感受写出来，评论会更加凸显个性；表达自己内心真正所想，评论才更能够打动人心。选择自己熟悉的角度，从个人经验出发，往往能够看到别人所看不到的问题。如在读《三国演义》的时候，历史迷会更多地注意到其中与史实不符的演义成分，军事迷会从战争过程解读文本，喜欢传统戏剧的人可以从戏剧中的三国形象入手评论……百家争鸣，百花齐放。

写评论也要带有批判的眼光。文学作品受到作者个人和所处时代的局限，我们在阅读作品时也可以有多角度不同的解读。历来人们对《论语》中"民可使由之，不可使知之"一句的解读就有不同，封建统治者用这句话作为实行愚民政策的依据，革命者却把这句话当作广开民智的批判靶子。我们在写作评论时也要有批判的精神，敢于读出新意。

在简明、连贯、得体的基础上，评论还要有独特的语言风格，或严谨缜密，或激情澎湃，或娓娓道来，或风趣幽默……嬉笑怒骂，皆成文章。找到了自己擅长的风格，就能够把评论写得更加吸引人，毕竟只有大家爱读你的评论，你的观点才能够被大家所知。

表达自我，找好角度，敢于批判，风格独特，是体现评论文章独特风采的重要手段。

在本册书中，也有许多"以评促思"的练习，希望大家能够在写作评论的时候运用以上知识，写出真正的好评论。希望大家能够通过练习，锻炼自己的评论能力与写作技巧，提高自己的思维水平和综合素养。祝大家都能够在阅读中获得快乐，在写作中获得成长。

下篇
阅读行动

卷首小语

时光流逝,不知道你是否询问过,时间是什么?

有人说,时间是钟表的摆动、更漏的水声;有人说,时间是草木的枯荣、星斗的转动;也有人说,时间是青丝换来白发、宫阙变成残楼……时间,是岁月,是记忆,是故事,是亭台楼阁,是风花雪月,是锅碗瓢盆……时间,看不见,却在生活中无处不在。

总有一些时间,是值得铭记的。或许是爆竹声响的一瞬,亦或许是龙舟擂鼓的刹那;或许是风吹花开的时刻,也或许是月圆共赏的时分。那些值得被铭记的时间里,有太多的时光都是母亲的微笑、家庭的温馨、思念的苦楚和童年的美好。在数不尽的文学大家笔下,节日像一朵热烈绽放的夏花,在最耀眼的光芒下,诉说着他们独有的记忆、独有的故事、独有的风花雪月和亭台楼阁。在数不尽的诗词文章里,吟咏,感怀,翻涌。

请记下那些时刻吧!春节、清明、端午和中秋,把它们铭刻下来吧!当岁月流逝,在人生的回眸里,你会渐渐发现:所谓节日,其实是把理想放进了现实,把庄重放进了平凡;其实传统节俗与文化从未走远,它们就在你我的一行一止、一饭一茶里。把它们装进我们的回忆里,成为难以忘怀的旧时光。这大概便是文化的传承吧!

有的放矢

1. 通过阅读名家关于节俗的文章,了解相关的民族传统节日和习俗,并品味不同作家的语言特色。

2. 通过学习专题文章,结合你的所见所闻,分析传统节日中一些习俗传承或消失的原因,建立文化批判意识。

3. 鉴赏名家名作中有画面感的节日习俗场景描写,通过批注、仿写、想象等形式,学会生动形象地描写身边的节日场景。

4. 通过梳理专题文章中各个节日的传统习俗,认识中华文化的丰厚博大,吸收民族文化智慧,提升文化品位,并认识生活中的传统节日,培养关心当代生活的意识,尊重文化的多样性,为传承传播优秀中华文化贡献自己的力量。

磨砺以须

1. 中国的春节、清明节、端午节、中秋节四大传统节日，你最喜欢过哪个节日？说到这个节日你想到了什么画面？把这个画面画出来，并题上与这个节日有关的一句诗。

【同学分享】

(初 1702 班　邱楚璇)

【点评指导】

望月抒怀，亘古至今。诗人张九龄在《望月怀远》中起句便作"海上生明月，天涯共此时"，意境辽远。该同学的画作中，于水天相接处，满月将出，其光皎然，余晖灿然，引人进入空远的遐想。水色、月色、霞色、天色，层色渲染，摇曳多姿。那飞鸿是何处的归鸟？那枝干在摇落谁家庭院的清辉？月色不语，画面多情。整幅图，从诗句而始，沿诗句而终，将中秋满月的美好月色，和望月有怀的深远情思都交付光影、明暗、色彩，是富有意境的诗词画。

2. 去年的春节、清明节、端午节、中秋节，任选一个节日回想你是怎么过的，选取一个你记忆中印象最深刻的场面，把它描绘下来。

【同学分享】

春节场面描写

初 1704 班　　王昱嘉

天空是一片夜的黑幕，静静地笼罩着整个大地；地面是一片春节的嬉闹，满是过年喜庆的气息。

一道火光划过光滑平静的夜空，放射出璀璨的火花。紧跟着是越来越多的火球，整个天空都仿佛在闪耀着五彩的光芒。

一个小女孩看着满天烟花，发出激动而又有点紧张的叫声。她小心翼翼地从大人们的手中接过一支点燃的纸棒，小手尽可能地伸长，远离身体。当纸棒随着噼里啪啦的响声，忽然绽开五彩缤纷的火花时，她惊叫了一声，手一晃，似乎想要扔了纸棒，却又渐渐地稳了下来，嘴角上扬，绽出了灿烂的笑容，双眼反射着火光，洋溢着无限的快乐。

【点评指导】

这段春节放烟花的场面气氛写得不错。先交代了一个春节的大背景，再用五彩的烟花渲染出了节日的气氛。最后通过对一个小女孩放烟花的详细描写突出放烟花给孩子带来的快乐。文字流畅，描写细致。但是作为场面描写，应把一个特定场面中的人群作为重点描写对象。只描写其中一人，而对其他人不着一笔会让场面显得单薄。希望学完这个专题会让同学们对怎么描写场面有更深刻的认识。

含英咀华

⊙ 春节

生活中的节日

节日由来

自汉武帝颁行《太初历》开始,新年就定在夏历正月初一(也即今天农历的正月初一),称为新正、元日、元旦,此后历代沿用。辛亥革命以后,当时政府推行西历即现行公历,故西元一月一日称为新年,也叫元旦。至此,新年和元旦的意义发生了变化,所以农历正月初一才称为春节。春节又叫年节,传统的年节一般是从腊日(南朝时将腊日确定为十二月初八,即腊八)到正月十五元宵节。年节的持续时间比较长,是人们辞别旧岁、迎接新年的重要时间过程,也是家庭团聚团圆的重要时刻。

节日习俗

春节大致可以分为五个时间阶段,每个阶段都有不同的节俗和意义。第一个阶段是辞旧岁,强调年关总结、洒扫除尘,以迎接新年,包括腊八、送灶、扫尘、洗疾等习俗。腊八原本叫作腊日。腊日是祭祀百神之日,传统社会常常在这一日表演驱傩仪式,以求平安康健。后来腊日祭祀衰落,腊日也逐渐被腊八替代。腊八习俗主要是食用腊八粥,民间有俗语云:"小孩小孩你别馋,过了腊八就是年。"腊八之后是送灶,送灶的日子是腊月二十三(部分地区是腊月二十四)。传说这一天灶王爷要上天述职,所以人们都在灶王像前供上灶糖、瓜果等供品,以求灶王爷嘴"甜"一点,上天庭美言几句,实现家中的美好祈愿。于是民间便有了小年送灶的习俗。送灶后便是扫尘,也就是全家的大扫除,让厅堂洁净,辞别旧岁,迎接新年。扫尘之后是洗疾,指人们沐浴以祛除自身污秽,达到清洁和保持身体康健的目的。

春节的第二个阶段主要是除夕,强调家庭团聚,守岁过年。年夜饭、压岁钱和守岁是主要内容。大年三十,家中成员欢聚一堂吃年夜饭。明清时期,大年三十的合家聚饮又叫"分岁"或"团年"。年夜饭的菜肴也各有寓意。在闽南,年夜饭不可不吃韭菜,寓意年寿长久。在北京,不可或缺的是荸荠,谐音"必齐",强调一家人要齐整、团聚。年夜饭后则是发压岁钱和守岁。在传统社会里,吃完年夜饭长辈便要给晚辈发放压岁钱,以祝福晚辈平安度岁。然后一家人围坐在一起等待新年的到来,是为守岁。

正月初一是春节的第三个阶段,强调迎新和祭祖,主要包括爆竹迎新年、挂桃符、贴春联和年画、祭拜祖先等习俗。正月初一凌晨,时辰一到守岁的人们便纷纷点燃烟花爆竹迎接新年,跟今天的春节一样。等到天明,人们张贴春联,挂新桃符和门神画,祭祀祖先和天地。这与现在的春节习俗略有不同,现在往往在正月初一之前就贴好春联了。

春节的第四个阶段是贺年拜年。亲友之间互相祝贺、串门,以巩固人伦关系和社交关系。明代以后至民国的北京城拜年有两种形式:见面跪拜和投送门帖。见面跪拜是指上门拜年,下跪磕头跪拜。投送门帖是人们把贺年帖投进大户门内。

贺年拜年后,则是正月十五元宵节,也即是春节的第五个阶段。元宵节最突出的特点是"闹",故民间又叫"闹元宵"。正月十五夜里,人们纷纷走出家门,上街观灯,赏看火树银花,辛弃疾有词:"东风夜放花千树,更吹落,星如雨。宝马雕车香满路。"这说的便是正月十五元宵节满街游人、一派热闹的场景。

名家眼中的节日

过去的年
莫言[①]

退回去几十年,在我们乡下,是不把阳历年当年的。那时,在我们心目中,只有春节才是年。这一是与物质生活的贫困有关——因为多一个节日就多一次奢侈的机会,当然更重要的还是观念问题。

---

① 莫言,中国作家协会副主席。2012年诺贝尔文学奖获得者,第一个获得诺贝尔文学奖的中国籍作家。

　　春节是一个与农业生产关系密切的节日,春节一过,意味着严冬即将结束,春天即将来临。而春天的来临,也就是新一轮的农业生产的开始。农业生产基本上是大人的事,对小孩子来说,春节就是一个可以吃好饭、穿新衣、痛痛快快玩几天的节日,当然还有许多的热闹和神秘。

　　我小的时候特别盼望过年,往往是一进入腊月,就开始掰着指头数日子,好像春节是一个遥远的、很难到达的目的地。对于我们这种焦急的心态,大人们总是发出深沉的感叹,好像他们不但不喜欢过年,而且还惧怕过年。他们的态度令当时的我感到失望和困惑,现在我完全能够理解了。我想我的长辈们之所以对过年感慨良多,一是因为过年意味着一笔开支,而拮据的生活预算里往往没有这笔开支;二是飞速流逝的时间对他们构成了巨大的压力。小孩子可以兴奋地说:"过了年,我又长大了一岁。"而大人们则叹息:"嗨,又老了一岁。"过年意味着小孩子正向自己生命过程中的辉煌时期进步,而对于大人,则意味着正向衰朽的残年滑落。

　　熬到腊月初八,是盼年的第一站。这天的早晨要熬一锅粥,粥里要有八样粮食——其实只需七样,不可缺少的大枣算一样。据说,在新中国成立前的腊月初八凌晨,庙里或是慈善大户都会在街上支起大锅施粥,叫花子和穷人们都可以免费喝。我曾经十分向往这种施粥的盛典,想想那些巨大无比的锅,支在露天里,成麻袋的米豆倒进去,黏稠的粥在锅里翻滚着,鼓起无数的气泡,浓浓的香气弥漫在凌晨清冷的空气里。一群手捧着大碗的孩子们,排着队焦急地等待着,他们的脸冻得通红,鼻尖上挂着清鼻涕。为了抵抗寒冷,他们不停地蹦跳着、喊叫着。我经常幻想着我就在等待着领粥的队伍里,虽然饥饿,虽然寒冷,但心中充满了欢乐。后来,我在作品中数次描写了我想象中的施粥场面,但写出来的远不如想象中的辉煌。

　　过了腊八再熬半个月,就到了辞灶日。我们那里也把辞灶日叫作"小年",过得比较认真,早饭和午饭还是平日里的糙食,晚饭就是一顿饺子。为了等待这顿饺子,我早饭和午饭特意吃得很少。那时我的饭量实在大得惊人,能吃多少个饺子就不说出来吓人了。辞灶是有仪式的,那就是在饺子出锅时,先盛出两碗供在灶台上,然后烧一些黄表纸,把那张灶马也一起焚烧。焚烧完毕,将饺子汤淋一点在纸灰上,然后磕一个头,就算祭灶完毕。这是最简单的。比较富庶的人家,则要买来一些关东糖供在灶前,其意大概是让即将上天汇报工作的灶王爷尝点甜头,在上帝面前多说好话。也有人说是用关东糖粘住灶王爷的嘴。这种说法不近情理,你粘住了他的嘴,坏话固然是不能说了,但好话不也说不了了嘛!

祭完了灶，就把那张从灶马上裁下来的灶马头贴到炕头上。所谓"灶马头"，其实就是一张农历的年历表，一般都是拙劣的木版印刷，印在最廉价的白纸上。最上边印着一个小方脸、生着三绺胡须的人，他的两边是两个圆脸的女人，一猜就知道是他的两个太太。当年我就感到灶王爷这个神祇有很多矛盾之处，其一就是他成年累月地趴在锅灶里受着烟熏火燎，肯定是个黑脸的汉子——乡下人说某人脸黑：看你像个灶王爷似的——但灶马头上的灶王爷脸很白。灶马头上都印着来年几龙治水的字样。一龙治水的年头主涝，多龙治水的年头主旱，"人多乱，龙多旱"这句俗语就是从这里来的，其原因与"三个和尚没水吃"是一样的。

过了辞灶日，春节就近在眼前了。但在孩子们的感觉里，这段时间还是很漫长。终于熬到了年除夕，这天下午，女人们带着女孩子在家包饺子，男人们带着男孩子去给祖先上坟。而这上坟，其实就是去邀请祖先回家过年。上坟回来，家里的堂屋墙上，已经挂起了家堂轴子，轴子上画着一些冠冕堂皇的古人，还有几个像我们在忆苦戏里见过的那些财主家的戴着瓜皮小帽的小崽子模样的孩子，正在那里放鞭炮。轴子上还用墨线起好了许多的格子，里边填写着祖宗的名讳。轴子前摆着香炉和蜡烛，还有几样供品——无非是几颗糖果，几片饼干。讲究的人家还做几个碗，碗底是白菜，白菜上面摆着几片炸的焦黄的豆腐之类的东西。不可缺少的是要供上一把斧头，取其谐音"福"。这时候如果有人来借斧头，那是要遭极大的反感的。院子里已经撒满了干草，大门口放一根棍子，据说是拦门棍，拦住祖宗的骡马不要跑出去。

那时候不但没有电视，连电也没有，吃过晚饭后还是先睡觉。睡到三星正晌时被母亲悄悄地叫起来。穿上新衣，感觉到特别神秘，特别寒冷，牙齿上下打着战。家堂轴子前的蜡烛已经点燃，火苗颤抖不止，照耀得轴子上的古人面孔闪闪发光，好像活了一样。院子里黑得伸手不见五指，仿佛有许多高头大马在黑暗中咀嚼谷草——如此黑暗的夜再也见不到了，现在的夜不过去黑了。这是真正的开始过年了。这时候绝对不许高声说话，即便平日里脾气不好的家长，此时也是柔声细语。至于孩子，头一天晚上母亲已经反复地叮嘱过了，过年时最好不要说话，非得说时，也得斟酌词语，千万不能说出不吉利的话，因为过年的这一刻，关系到一家人来年的运道。做年夜饭不能拉风箱——"呱嗒呱嗒"的风箱声会破坏神秘感——因此要烧最好的草，棉花柴或者豆秸。我母亲说："年夜里烧花柴，出刀才；烧豆秸，出秀才。"秀才嘛，是知识分子，有学问的人；但刀才是什么，母亲也解说不清。大概也是个很好的职业，譬如武将什么的，反正不会是屠户或者是刽子手。因为草好，灶膛里火光熊熊，把半个院子都照亮了。锅里的蒸汽从门里汹涌地扑出来——白白胖胖的饺子下到锅里去了。每逢此时,我就油然地想起那个并不贴切的谜语:从南来了一群鹅,扑棱扑棱下了河。饺子熟了,父亲端起盘子,盘子上盛了两碗饺子,往大门外走去,男孩子举着早就绑好了鞭炮的竿子紧紧地跟随着。父亲在大门外的空地上放下盘子,点燃了烧纸后,就跪下向四面八方磕头。男孩子把鞭炮点燃,高高地举起来。在震耳欲聋的鞭炮声中,父亲完成了他的祭祀天地神灵的工作。回到屋子里,母亲、祖母们已经欢声笑语了。

神秘的仪式已经结束,接下来就是人们的庆典了。在吃饺子之前,晚辈们要给长辈们磕头,而长辈们早已坐在炕上等待了。我们在家堂轴子前一边磕头,一边大声地报告着:"给爷爷磕头""给奶奶磕头""给爹磕头""给娘磕头"……长辈们在炕上响亮地说着:"不用磕了,上炕吃饺子吧!"晚辈们磕了头,长辈们照例要给一点磕头钱,一毛或是两毛,这已经让我们兴奋得想雀跃了。年夜里的饺子是包进了钱的,我家原来一直包清朝时的铜钱,但包了铜钱的饺子有一股浓烈的铜锈气,无法下咽,等于浪费了一个珍贵的饺子,后来就改用硬币了。现在想起来,那硬币也脏得厉害,但当时我们根本想不到这样奢侈的问题。我们盼望着能从饺子里吃出一个硬币,这是归自己所有的财产啊,至于吃到带钱饺子的吉利,孩子们并不在意。有一些孝顺儿媳白天包饺子时,就在饺子皮上做了记号,夜里盛饺子时,就给公公婆婆的碗里盛上了带钱的,借以博得老人的欢喜。有一年我为了吃到带钱的饺子,一口气吃了三碗,钱没吃到,结果把胃撑坏了,差点要了小命。

过年时还有一件趣事不能不提,那就是装财神和接财神。往往是一家人刚刚围桌吃饺子时,大门外就起了响亮的歌唱声:"财神到,财神到,过新年,放鞭炮。快答复,快答复,你家年年盖瓦屋。快点拿,快点拿,金子银子往家爬……"听到门外财神的歌唱声,母亲就盛上半碗饺子,让男孩送出去。扮财神的都是叫花子。他们有的提着瓦罐,有的提着竹篮,站在寒风里,等待着人们的施舍。这是叫花子们的黄金时刻,无论多么吝啬的人家,这时候也不会舍不得那半碗饺子。那时候我很想扮一次财神,但家长不同意。我母亲说过一个叫花子扮财神的故事,说一个叫花子,大年夜里提着一个瓦罐去挨家讨要,讨了饺子就往瓦罐里放,感觉到已经要了很多,想回家将百家饺子热热自己也过个好年,待到回家一看,小瓦罐的底儿不知何时冻掉了,只有一个饺子冻在了瓦罐的边缘上。叫花子不由得长叹一声,感叹自己命运多舛,连一瓦罐饺子都没福享受。

现在,如果愿意,饺子可以天天吃,没有了吃的吸引,过年的兴趣就少了大半,人到中年,更感到时光难留,每过一次年,就好像敲响了一次警钟。没有美食的诱惑、没有神秘的气氛、没有纯洁的童心,就没有了过年的乐趣,但这年还是得过下去,为了孩子。我们所怀念的那种过年,现在的孩子不感兴趣,他们自有他们欢乐的年。

时光实在是令人感到恐慌,日子像流水一样一天天滑了过去。

年 夜 思

冯骥才[①]

民间有些话真是意味无穷,比如"大年根儿"。一年的日子即将用尽,就好比一棵树,最后只剩一点根儿——每每说到这话的时候,便会感受到岁月的空寥,还有岁月的深浓。我总会去想,人生的年华,到底是过一天少一天,还是过一天多一天?

今年算冷够劲儿了。绝迹多年的雪挂与冰柱也都奇迹般地出现。据说近些年温温吞吞的暖冬是厄尔尼诺之所为;而今年大地这迷人的银装素裹则归功于拉尼娜。听起来,拉尼娜像是女性的称呼,厄尔尼诺却似男性的名字。看来,女性比起男性总是风情万种。在这久违的大雪里,没有污垢与阴影,夜空被照得发亮,那些点灯的窗子充满金色而幽深的温暖。只有在这种浓密的大雪中的年,才更有情味。中国人的年是红色的,与喜事同一颜色。人间的红和大自然的银白相配,是年的标准色。那飞雪中飘舞的红吊钱,被灯笼的光映红了的雪,还有雪地上一片片分外鲜红的鞭炮碎屑,深深嵌入我们儿时对年的情感里。

旧时的年夜主要是三个节目。一是吃年饭,一是子午交接时燃放烟花炮竹,一是熬夜。儿时的我,首先热衷的自然是鞭炮。那时我住在旧英租界的大理道。鞭炮都是父亲遣人到宫北大街的炮市上去买,用三轮运回家。我怀里抱着那种心爱的彩色封皮的"炮打双灯",自然瞧不见打扮得花枝招展而得意洋洋的姐姐和妹妹们。至于熬夜,年年都是信誓旦旦,说非要熬到天明,结果年年都是在劈劈啪啪的鞭炮声里,不胜困乏,眼皮打架,连怎么躺下、脱鞋和脱衣也不知道。早晨睁眼,一个通红的大红苹果就在眼前,由于太近而显得特别大。那是老时候的例儿,据说年夜里放个苹果在孩子枕边,可以保平安。

在儿时,我从来没把年夜饭看得特别非凡。只以为那顿饭菜不过更丰盛些罢了。可是轮到我自己成人又成家,身陷生活与社会的重围里,年饭就渐渐变得格外的重要了。

---

① 冯骥才,当代作家、艺术家。

每到年根儿,主要的事就是张罗这顿年饭。七十年代的店铺还没有市场观念。卖主是上帝。冻鸡冻鸭以及猪头都扔在店门外的地上。猪的"后座"是用铡刀切着卖;冻成大方坨子的带鱼要在马路上摔开。做年饭的第一项大工程,是要费很大的力气把这些带着原始气息的荤腥整理出来。记忆中的年饭是一碗炖肉,两碟炒菜,还有炸花生米,松花蛋,凉拌海蜇和妻子拿手的辣黄瓜皮——当然每样都是一点。此外还有一样必不可少的,那是一只我们宁波人特有的红烧鸭子,但在七十年代吃这种鸭子未免奢侈,每年只能在年饭中吃到一次。这样一顿年饭,在当时可以说达到了生活的极致。几千年来,中国人的年饭一直是中国社会经济状况的最真实的上限的"水位"。我说的中国人当然是指普通百姓,决不是官宦人家。年的珍贵,往往就是因为人们把生活的企望实现在此时的饭桌上。那些岁月,年就是人生中一年一度用尽全力来实现出来的生活的理想呵!平日里把现实理想化,过年时把理想现实化。这是中国人对年的一个伟大的创造。

然而,这年饭还有更深的意义。由于年饭是团圆饭,就是这顿年饭,召唤着天南海北的家庭成员,一年一次地聚在一起。为了重温昨日在一起时的欢乐,还是相互祝愿在海角天涯都能前程无碍和人寿年丰?此刻杯中的酒,碗里的菜,都是添加的一种甜蜜蜜的黏合剂罢了。那时,父亲在世,年年都去他家,钻进他的阴暗的小屋,陪他吃年饭。他那时挨整。每天的惩罚是打扫十三个厕所,冬天里便池结冰,就要动手去清理。据说"打扫厕所就是打扫自己脑袋里的思想"。于是我们的年饭就有了另一层意愿——叫他暂时忘了现实!可是我们很难使他开心地笑起来。有时一笑,好似痉挛,反倒不如不笑为好。父亲这奇特而痛苦的表情就被我收藏在关于年的记忆中。每年的年夜都会拿出来看一看。

旧时中国人的年,总是要请诸神下界。那无非是人生太苦,想请神仙们帮一帮人间的忙。但人们真的相信有哪位神仙会伸手帮一下吗?中国人在长期封建桎梏中的生存方式是麻痹自己。一九六七年我给我那时居住的八平米的小屋起名字叫宽斋。宽是心宽,这是对自己的一种宽慰;宽也是从宽,这是对那个残酷的时代的一种可怜的痴望。但起了这名字之后我的一段生活反倒像被钳子死死钳住了一样。记得那年午夜放炮时,炸伤了右手的虎口,以致很长时候不能握笔。

我有时奇怪。像旧时的年,不过吃一点肉,放几个炮。但人们过年怎么会有这么大的劲头?那时没有电视春节晚会,没有新春音乐会和新商品展销,更没有全家福大餐。可是今天有了这一切,为什么竟埋怨年味太淡?我们怀念往日的年味,可是如果真的按照那种方式过一次年，一定会觉得它更加空洞乏味了吧！

我想，这是不是因为我们一直误解了年？

我们总以为年是大吃大喝。这种认识的反面便是，有吃有喝之后，年就没什么了。其实，吃喝只是一种载体，更重要的年赋予它的意义。比如吃年饭时的团圆感、亲情、孝心，以及对美好未来的希冀与祝愿。正为此，愈是缺憾的时候，渴望才来得更加强烈。年是被一种渴望撑大的。那么，年到底是精神的，还是物质的？当然它首先是精神的！它决不是民族年度的服装节与食品节，而是我们民族一年一度的生活情感的大爆发，是以家庭为单位的大团聚，是现实梦想的大表现。正因为这样，年由来已久；年永世不绝。只要我们对生活的向往与追求紧拥不弃，年的灯笼就一定会在大年根儿红红地照亮。

写到此处，忽有激情迸发，奔涌笔端，急忙展纸，挥笔成句，曰：

玉兔已乘百年去，

青龙又驾千岁来；

风光铺满前程地，

鲜花随我一路开。

一时写得水墨淋漓，锋毫飞扬，屋内灯烛正明，窗外白雪倍儿亮。心无块垒，胸襟浩荡是也。

童年的春节

冰　心①

我童年生活中，不光是海边山上孤单寂寞的独往独来，也有热闹得锣鼓喧天的时候，那便是从前的"新年"，现在叫作"春节"的。

那时我家住在烟台海军学校后面的东南山窝里，附近只有几个村落，进烟台市还要越过一座东山，算是最冷僻的一角了，但是"过年"还是一年中最隆重的节日。

过年的前几天，最忙的是母亲了。她忙着打点我们过年穿的新衣鞋帽，还有一家大小半个月吃的肉，因为那里的习惯，从正月初一到十五是不宰猪卖肉的。我看见母亲系起围裙、挽上袖子，往大坛子里装上大块大块的喷香的裹满"红糟"的糟肉，还有用酱油、白糖和各种香料煮的卤肉，还蒸上好几笼屉的红糖年糕……当母亲做这些事的时候，旁边站着的不只有我们几个馋孩子，还有在旁边帮忙的厨师傅和余妈。

①　冰心（1900—1999），原名谢婉莹，现代作家、翻译家、诗人。

　　父亲呢，就为放学的孩子们准备新年的娱乐。在海军学校上学的不但有我的堂哥哥，还有表哥哥。真是"一表三千里"，什么姑表哥，舅表哥，姨表哥，至少有七八个。父亲从烟台市上买回一套吹打乐器，锣、鼓、箫、笛、二胡、月琴……弹奏起来，真是热闹得很。只是我挤不进他们的乐队里去！我只能白天放些父亲给我们买回来的鞭炮，晚上放些烟火。大的是一筒一筒地放在地上放，火树银花，璀璨得很！我最喜欢的还是一种最小、最简单的"滴滴金"。那是一条小纸捻，卷着一点火药，可以拿在手里点起来嗤嗤地响，爆出点点火星。

　　记得我们初一早起，换上新衣新鞋，先拜祖宗——我们家不供神佛——供桌上只有祖宗牌位、香、烛和祭品，这一桌酒菜就是我们新年的午餐——然后给父母亲和长辈拜年，我拿到的红纸包里的压岁钱，大多是一圆锃亮的墨西哥"站人"银元，我都请母亲替我收起。

　　最有趣的还是从各个农村来要"花会"的了，演员们都是各个村落里冬闲的农民，节目大多是"跑旱船"，和"王大娘锔大缸"之类，演女角的都是村里的年轻人，搽着很厚的脂粉。鼓乐前导，后面就簇拥着许多小孩子。到我家门首，自然就围上一大群人，于是他们就穿走演唱了起来，有乐器伴奏，歌曲大都滑稽可笑，引得大家笑声不断。要完了，我们就拿烟、酒、点心慰劳他们。这个村的花会刚走，那个村的又来了，最先来到的自然是离我们最近的金钩寨的花会！

　　我十一岁那年，回到故乡的福建福州，那里过年又热闹多了。我们大家庭里是四房同居分吃，祖父是和我们这一房在一起吃饭的。从腊月廿三日起，大家就忙着扫房，擦洗门窗和铜锡器具，准备糟和腌的鸡、鸭、鱼、肉。祖父只忙着写春联，贴在擦得锃亮的大门或旁门上。他自己在元旦这天早上，还用红纸写一条："元旦开业，新春大吉……"以下还有什么吉利话，我就不认得也不记得了。

　　新年里，我们各人从自己的"姥姥家"得到许多好东西。首先是灶糖、灶饼，那是一盒一盒的糖和点心。据说是祭灶王爷用的，糖和点心都很甜也很粘，为的是把灶王的嘴糊上，使得他上天不能汇报这家人的坏话！最好的东西，还是灯笼，福州方言，"灯"和"丁"同音，因此送灯的数目，总比孩子的数目多一盏，是添丁的意思。那时我的弟弟们还小，不会和我抢，多的那一盏总是给我。这些灯：有纸的，有纱的，还有玻璃的……于是我屋墙上挂的是"走马灯"，上面的人物是"三英战吕布"，手里提的是两眼会活动的金鱼灯，另一手就拉着一盏脚下有轮子的"白兔灯"。同时我家所在的南后街，本是个灯市，这一条街上大多是灯铺。我家门口的"万兴桶石店"，平时除了卖各种红漆金边的伴嫁用的大小桶子之外,就兼卖各种的灯。那就不是孩子们举着玩的灯笼了,而是上面画着精细的花鸟人物的大玻璃灯、纱灯、料丝灯、牛角灯等等,元宵之夜,都点了起来,真是"花市灯如昼",游人如织,欢笑满街!

元宵过后,一年一度的光彩辉煌的日子,就完结了。当大人们让我们把许多玩够了的灯笼,放在一起烧了之后,说:"从明天起,好好收收心上学去吧。"我们默默地听着,看着天井里那些灯笼的星星余烬,恋恋不舍地带着一种说不出的惆怅寂寞之感,上床睡觉的时候,这一夜的滋味真不好过!

(初 1701 班朱静一、孙欣怡推荐)

春节读桃符

桃符·门神·对联

王树海

"桃符"是周代悬挂在大门两旁的长方形桃木板。据《后汉书·礼仪志》说,桃符长六寸,宽三寸,桃木板上书有"神荼""郁垒"二神。

汉代著名的唯物主义哲学家王充,在其名著《论衡·订鬼》中有一个故事:"《山海经》又曰:沧海之中,有度朔之山。上有大桃木,其屈蟠三千里,其枝间东北曰鬼门,万鬼所出入也。上有二神人,一曰神荼,一曰郁垒,主阅领万鬼。恶害之鬼,执以苇索,而以食虎。于是黄帝乃作礼以时驱之,立大桃人,门户画神荼、郁垒与虎,悬苇索以御凶魅。有形,故执以食虎。案可食之物,无空虚者。其物也性与人殊,时见时匿,与龙不常见,无以异也。"

大意是说,东海有座度朔山。山上有一棵盘曲三千里的大桃树,树的东北端,由众多枝干排成的一个鬼门,度朔山的所有妖魔鬼怪,要下山必须经过此鬼门。山上有两个神人负责看守。一个叫神荼,一个叫郁垒(两位神将的名字有特别的念法,神荼要念"伸舒",郁垒要念"郁律")。二位专门监管鬼怪的行为。发现哪个鬼怪为非作歹,便抓起来喂老虎。

后来,华夏始祖之一黄帝让人们用两块桃木刻上神荼、郁垒的像或者写上他俩的名字,挂在门的两边,叫作"桃符",以示驱灾镇邪。

因为今本《山海经》并没有此则故事,所以此说真假值得商榷。只是有一点是肯定的,即"桃符"的出现是古人美好愿望的体现,而之所以能够广泛流传就在于此。

学者谷向阳认为,从汉代起,桃符沿两个方向演化发展,一是桃符上继续保持绘制图像的传统,只是所画图像除了"神荼""郁垒"之外,又增加了新的内容。比如,唐以后逐渐改为尉迟恭、秦叔宝。

相传,作为中国历史上最为杰出的政治家或明君之一,李世民亦有心中郁结(杀兄叛变或许是主要原因)。称帝后,李世民曾经有一段时间一直觉得宫中闹鬼,吓得心神不定,睡眠质量极差。

他的两位亲信兼得力大将秦叔宝、尉迟恭便自告奋勇,昼夜替李世民站岗壮胆,闹鬼之事方才平息。后来,李世民觉得二位一直如此亦不是长久之计,便令画师把二位将军的威武形象绘制在宫门上。

此事传播开来,尉迟恭和秦叔宝渐渐被奉为门神。后来,有人直接在门上书秦军、胡帅四字,便与门联产生了渊源关系。

唐玄宗以后,钟馗也被人们尊为门神。古书记载,钟馗系唐初长安终南山人,是中国传统文化中的"赐福镇宅圣君",亦是中国民间俗神信仰中最为人们熟悉的角色,自唐朝以来就有请钟馗进家门的习俗。

桃符的另外一个演化方向是其内容上的变化。由图像逐步演变为书写吉祥之语,后来又发展为写两句对偶的诗句,即"桃符诗句"。

宋代的陈元靓在《岁时广记》中曾证实了桃符由神像向直接书写春词、祝祷语的演变,而这些春词、祝祷之语后来又慢慢演化为春联。

门联同样也是从桃符发展而来的。原来,人们用桃木板画神荼、郁垒画像,挂在两扇门上。后来,画像又改成只写字的"门目"。但门目上两边各写两字,表达内容有限,便又在大门两侧再挂上两块桃木板,写上了字数较多、能充分反映心愿的对子。

据说,在公元 964 年的除夕,五代十国中的后蜀国主孟昶,令学士辛寅逊在桃符板上写两句吉祥语贺岁,他不中意辛学士的作品,认为其词不工,就自己提笔写下"新年纳余庆,嘉节号长春"两句。

直到宋代,春联仍称"桃符"。王安石的诗中就有"千门万户曈曈日,总把新桃换旧符"之句。后来,桃符由木板改为纸张,叫"春贴纸"。

当独立使用对偶句的文字登上桃符板,就标志着对联的产生。这样,从民俗文化的角度来看,桃符—门神—桃符诗句—民俗对联(春联、门联等),对联的起源、产生、发展的走向即明了清晰了。

学者张劲松认为,对联,准确地说应该是民俗对联,从民俗文化的大背景中诞生之后,"形成了两种不同的发展路线:一是纯审美欣赏的对联;一是既有欣赏价值又有礼仪价值的民俗对联"。

　　纯审美欣赏对联主要是胜迹联以及题赠联,包括自题联等。题赠联包括励志联、修身联、忧国联等。"民俗对联主要用于红白喜事礼仪之中",包括以春节为主的节日联(主要是春联)、挽联、行业联、寿联、婚联、各种纪念联,等等。

桃符艾人语

苏　轼[1]

　　桃符仰骂艾人曰:"尔何草芥[2],而辄据吾上?"艾人俯谓桃符曰:"尔已半截入土,安敢更与吾较高下乎?"门神傍笑而解[3]之曰:"尔辈方且傍人门户[4],更可争闲气耶!"

(选自《东坡志林》)

注释

①　苏轼(1037—1101),北宋文学家、书法家、画家。

②　草芥:枯草、小草,比喻无价值的东西。艾人即是用艾草做成的。

③　解:劝解。

④　傍人门户:依靠别人家的门第,比喻不能自立、依赖他人。

参考译文

　　桃符仰面看着艾人骂道:"你是何等草芥,竟敢居于我之上?"艾人俯身,看看已经破旧褪色的桃符答道:"你都已半截入土了(从元旦到五月初五,近半年,故称活过一半),还有脸同我争上位和下位吗?"桃符大怒,和艾人争辩不休。门神劝解道:"我们这等人,现在都依附在人家的门户过日子,还有什么时间争闲气呀!"

解读

　　这篇短小、精练的寓言故事,其寓意在于讽刺某些势利小人狗仗人势,互相攀比、诋毁,追名逐利。桃符,古代的习俗,新年用桃木板写神荼、郁垒二神名,悬挂门旁,以压邪气。五代后蜀的宫廷里开始在桃符上题联语。《宋史·蜀世家》:"孟昶命学士为题桃符,以其非工,自命笔题云:'新年纳余庆,嘉节号长春'。"后来桃符就成了春联的代名词。艾人就是用艾草扎成的人形,《荆楚岁时记》:"五月五日……采艾以为人,悬挂门户上,以禳毒气。"

(该解读节选自《东坡之豪放与真诚》)

孟昶题桃符

　　春节贴春联是我国的传统习俗,源于古代挂"桃符"神像以驱邪。唐代以后,渐有书对偶吉语的桃木板出现。在桃符上题写联语,最早见于记载的是五代后蜀主孟昶。据宋人张唐英《蜀梼杌》载:蜀归宋之前一年,岁除日,昶令学士辛寅逊题桃符板于寝门,以其词非工,自命笔云:"新年纳余庆;嘉节号长春。"清代学者纪晓岚、梁章钜都认为,这是最早的楹联,历来也被学术界认为是对联诞生的标志。

(节选自陈勇《青少年国学语文知识趣读》)

对联漫谈(节选)
黄金发

对联,俗称对子,它作为我国文艺花丛中一种独特的文学样式,有它的由来及其发展过程,有它的构成形式和艺术特点。本文就此作些粗浅的探索,以期引起同好和研究者的兴趣。

门上贴对联是我国古老的风俗,它源于古代的桃符,迄今已有千余年的历史了。古代人们辞别旧岁、迎接新年时是没有对联的,只有一些斗方式的"桃符"上写着"元亨利贞"四字,表示新年吉庆。为什么要选用桃木板写字呢?据神话传说:在烟波浩渺的大海中有个度朔山,山上有蟠屈三千里的桃树,在桃树东北方向树枝间有一个万鬼出进的鬼门,在那里有两个能制服恶鬼的神(一个叫神荼,一个叫郁垒)看门,每见"恶害之鬼"就用绳索绑起来送去喂老虎。后来人们就把它们当作门神,在桃木板上写它们的名字,以驱凶避邪。直到五代的时候,即公元963年,西蜀主孟昶在寝门的桃木上题写联语:"新年纳余庆,嘉节号长春"之后,才正式出现第一副春联。可见春联是由桃符演变而来的。

到了宋代,春联还是叫"桃符",但联语已不限于题写在桃符板上,而推广到楹柱上,名曰楹联。楹联要求上下两联是对偶或对仗的语句。北宋王安石《元日》诗中所说的"千门万户曈曈日,总把新桃换旧符",这正是楹联所要求的写实。在明代,明太祖朱元璋在南京建都之后,曾下令:除夕之日,各公卿士庶家,门上须写春联一副。于是平民百姓也就贴起来了,从此,春联就流行开来。后来,除春节外,为了表达某种愿望或是装饰、庆吊等的需要,在宫廷、府宅、庙宇门上贴对联,甚至将纸书改为木制,这样,春联就发展成固定的对联了。

(湖南师院学报(哲学社会科学版)1980年04期)

小贴士:春联张贴的正确方位

张贴春联不但是旧时春节的重要习俗,也是今天春节不可或缺的一项仪式。贴春联的时候,一定要注意:上联在门框右侧,下联在左侧。这与旧时人们的书写习惯有关。

（下联）　　　　　　　　　　　（上联）

诗词话春节

清华附中清兰书法社学员习作

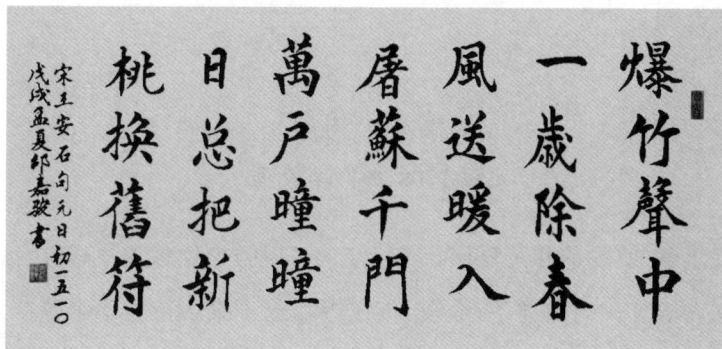

爆竹声中一岁除，春风送暖入屠苏。千门万户曈曈日，总把新桃换旧符。

（初1510班　邵嘉骏　书写）

清华附中西园诗社吟唱学习视频

元日

学 习 任 务

一、书法练习。请用你擅长的字体将《元日》这首诗写成一幅书法作品。

二、批注留念。边读书，边批注。挑选一则最满意的批注，写入下表。

摘　　录	批　　注

三、以读导写。任选一题完成。

1. 读了各位名家笔下的春节，是不是觉得他们描写的过年场面有声有色呢？你和家人过年又是什么样的场景？请用一段文字，描绘出你家除夕夜吃团圆饭时的场景。

【同学分享】

重温·团圆

初 1709 班　李夕佳

年夜饭年年有，熟悉的味道转眼已有十二年，却仍令我念念不忘、历久弥新。

历经全家人辛苦一周的准备，今夜，年夜饭端上了桌。待长辈小辈都入了座，才开始我们今年的年夜饭。我看着桌上令我日思夜想的美食早已垂涎三尺，可还是看着所有长辈一一动了筷，才敢扑上去享受这难得的盛宴。

酒菜五光十色，有明黄色的蛋卷，有酒红色的烧肉，有香气四溢的蒸鱼，还有几乎撑得了一桌的锅子——里面有种类繁多的肉类，有鲜嫩清脆的菜叶菜心，也有金黄的玉米粒、土豆片、粒粒浅褐的青稞和玉白的菌菇。桌上氤氲着浓浓的蒸汽，我总是贪婪地钻到汹涌扑面的蒸汽中去，大口吮吸着里面的肉香、菜香与鸡汤那浓郁的香气。

餐桌旁洋溢着幸福的气息，大家都面带喜悦地交谈。姥姥的笑容格外灿烂，看到远道而来的子女们齐聚一堂，她笑得如同一个天真烂漫的孩子；就连平素不苟言笑的舅妈，此刻也毫不掩饰地快乐，一双眼睛弯成了晶莹的月牙；身旁的哥哥也笑了，笑得腼腆，却是发自内心的喜悦。"干杯！"……桌上觥筹交错，桌旁笑语盈满屋。在大人们的谈笑中能听出他们暂时抛弃了一切烦恼的快乐，围桌而坐，谈着过去一年中发生的趣事、喜事；全家人相互祝福，有小辈对长辈的尊敬与祝愿，也有长辈对小辈的关怀与期望。

祝福语毕，片刻的安静，突然有人那么爽朗一笑，大家便都笑起来，纷纷抄起筷子，享受美味。一大家子，其乐融融。

总是不会有人缺席的。每年过年，家人都从天南海北赶过来，在这里，相聚，重温时光，团团圆圆。

【点评指导】

这个夜晚的年夜饭，写得有声有色有味。场面描写一定要写出特定场合的气氛。作者先写了对这一年的年夜饭的准备与期待，已经隐隐有了和平时不同的特殊氛围。再写餐桌上的规矩，所有人落座后才开始，长辈一一动筷后才下筷，这顿团圆饭更是有了一份郑重。然后作者用"明黄、酒红、金黄、浅褐、玉白"等一系列的颜色词描绘桌上的菜，再加上浓郁的香气、扑面的蒸汽，年夜饭的丰富、喜庆跃然纸上。接着写人的活动，谈笑、祝福，让过年的团圆吉庆氛围达到高潮。

2. 春节是中国人最重要的节日，它意味着团圆，意味着回家……你是否看过春运时摩肩接踵的人群，感受到他们回家时急切和喜悦的心情？你是否也有过和父母一起回老家过年的经历？请写一段文字，描述春运时车站的场景。（初1701班张可欣、陈悠扬、秦汉唐、张皓臣、李奕则拟题）

【同学分享】

北京南站里一遍一遍地响起列车到站的提示，广播中那温柔的女声似乎也有些疲倦。检票员面对着那如大江奔流般涌来的人群和各种各样的问题，忙得不可开交。车站里空气浑浊闷热，声音嘈杂不堪，座位也被人群挤满，可这丝毫不影响人们的心情。来坐火车的人眼里都流露出对家乡的想念。他们盼望着火车快点到达，快点见到他们的亲人，飞奔过去，给一个大大的拥抱。可又看见了这人山人海，便只能感慨。站里除了人多，包也多。这里什么样的人都有，什么样的包都有，包里什么样的东西都有。有的是从外地带来的特产，也有从北京带走的京味儿小吃。大家都把最好的东西带了出来，因为他们要告诉牵挂他们的人"我很好，勿念"。人群中最多的是在北京打工的要回家的人，他们大多是坐在地上，拎着大包，呆呆地看着人来人往，似有些不舍。有些带了孩子的父母更是要一边盯紧孩子，一边竖起耳朵听着广播，生怕哪边出了差错。

站里大大小小的食品店也被挤满,大家都闻到了这诱人的香味,甘愿排着已经排出店门的队伍。旁边的餐桌也已坐满,桌上摆满了食品袋,有座的人暗暗自喜,没座的人也不在乎,站在一旁看着人来人往,吃着。

(初 1701 班　于靓歆)

【点评指导】

　　这段文字充分写出了春运时火车站的繁忙。首先火车站一遍遍的广播声立刻把读者带入火车站特有的紧张气氛中。然后通过浑浊闷热的空气、嘈杂不堪的声音、挤满人的座位突出了春运特有的繁忙拥挤。再写车站里人们急切归家过年的心情和人们包里的各种特产,突出了春节的特点。对这个场景中的人物描写重点刻画了打工者和带孩子的父母。描写准确生动,可见作者细致入微的观察。

　　四、以评促思。任选一题完成。

　　1. 冯骥才在《年夜思》中写道"我有时奇怪。像旧时的年,不过吃一点肉,放几个炮。但人们过年怎么会有这么大的劲头?那时没有电视春节晚会,没有新春音乐会和新商品展销,更没有全家福大餐。可是今天有了这一切,为什么竟埋怨年味太淡?我们怀念往日的年味,可是如果真的按照那种方式过一次年,一定会觉得它更加空洞乏味了吧!我想,这是不是因为我们一直误解了年?"请你深入思考,我们到底该怎么理解年?

【同学分享】

我们到底该怎么理解年?

初 1709 班　孙睿彤

　　年作为中华文化的一个重要组成部分,已传承多年。中华上下五千年,随着历史岁月的变迁与科技文明的发展,年依旧还在,可年的习俗与趣味似乎有了变化。

　　就像有许多人总抱怨年味太淡,可到底什么是真正的年?我认为应该从两个角度来看。

　　第一个,也是儿童关注较多的表面含义。年对儿童来说意味着放假与得压岁钱、吃年夜饭,意味着能与亲戚朋友们欢聚一堂,和家人在一起聊天,共享天伦之乐,而这就又牵扯到一个更深的含义。

　　第二个,就是精神方面,也是文化的传承。为什么要包饺子,吃年夜饭?为什么要放鞭炮,守岁,给压岁钱,看春晚?这是华夏民族底蕴的薪火相传。现今增加了抢红包、朋友圈等娱乐方式,有人抱怨传统年味淡了些,冯骥才也认为传统年俗变得空洞无味了。

但事实上,无论大家怎么说,"年"都早已深深烙在每个中国人的心中,对比之前的年,现代的年也别有韵味。

有许多旧习俗已消失,例如祭灶等,但我们依旧保持了许多风俗,例如守岁、年夜饭等,加入的抢红包等新元素也不影响一起过年。

我认为,几千年来的习俗,对于合理的部分我们可以保留,同时也可以适当加入新习俗。毕竟,我们要感受的是亲人间温暖的亲情。

【点评指导】

年味儿淡了,这是现代人普遍的感受。作者从年的表层含义和深层含义两个方面来探讨其原因,由浅入深,思路清晰。过年对我们不仅仅是放假、吃年饭、压岁钱,更是传统文化的薪火相传。作者对年俗的文化传承有着自己的理性思考。几千年的习俗中的合理部分可以保留,也可以适当加入新习俗。只要亲情不变,就保留住了年味儿。年对中国人的文化意义到底是什么,还可以进一步思考。

2. 从本专题对春节习俗的介绍和有关春节的古诗词和名家文章中,梳理专题诗文中的春节习俗,有哪些习俗在今天的生活中被传承了下来,有哪些习俗已经在我们的生活中消失。写一段文字,分析这些习俗能够传承或已经消失的原因。

【同学分享】

谈春节习俗消失的原因
初 1709 班　孟赫明

随着现代化科技的不断创新,很多古老的传统渐渐被我们遗忘。这一现象在春节习俗上体现得尤为显著。

首先,科技在发展,时代在进步。新元素不断加入的同时,自然有很多传统被丢弃。尤其是今年,手机上的活动(例如"抢红包")代替了传统的娱乐活动。其实,这不完全是负面的,反而能让我们对年有一个新的认识,从而对年更有兴趣。

其次,西方文化的"强势介入"也是不可忽略的。由于各种复杂的原因,西方的文化传入了我国,越来越多的人过起了"洋节",对传统节日却少有关注。由于西方文化中的一些仪式简单有趣,使得越来越多的人遗忘了传统习俗与礼节。虽然要促进文化交流,可是我们自己的文化也同样不能丢弃,才能体现出我们中华民族是礼仪之邦。

　　另外，随着人们生活品质的改善，大家对年的期待感大大减少，也是年味儿越来越淡的重要原因之一。"物以稀为贵。"举个简单的例子，我们现在每天都能品尝到可口的美食，年夜饭在人们心中的地位就大幅降低了。所以，这是时代发展的必然结果。

　　最后，这是历史演变的结果。在历史的发展过程中也不是没有先例。比如腊日逐渐演化为腊八，就是一种演变。

　　综上，虽然有一些春节传统习俗渐渐消失，但只要我们能把握传统节日中体现的精神，传承中国传统文化，并赋予它时代的特点，我们就可以用一种乐观积极的心态去面对改变，拥抱改变！

【点评指导】

　　春节传统习俗有不少已经在现代生活中渐渐消失，其原因值得所有人深思。作者从科技、文化、生活、历史演变几个方面来探讨其原因，层次清晰，分析全面。这对于一个初一学生来说，很是难得。最难得的是作者能用积极辩证的观点看待这种改变。既不丢弃自己的文化传统，又理性看待时代发展的必然，抓住传统节俗文化的核心，赋予其新的时代特点。

综 合 实 践

1. 设计实践春节活动

（1）设计年夜饭菜谱的名称，为每道菜（不少于四道）命名，菜名要体现中国春节喜庆吉祥的寓意，尽量使用古诗文。给这几道菜拍照，照片上需写上菜名。

【同学分享】

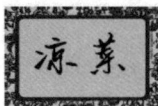

春笋满山谷
——白居易
初1703班 艾森特
将笋配以各色油焖菜，与诗相配大不共美观

淡妆浓抹总相宜
——苏轼
山药和草菇看似不搭，但搭配它们就成淡妆浓抹的两佳女子，这道菜就成锦上添花了

热菜

花艳七枝开
——隋炀帝 初1701班 艾森特
花瓣与数字七的搭配，与诗对照接近完美

映日荷花别样红
——杨万里 初1701班 艾森特
抓住诗中的荷花，用炸过的荷花瓣摆出荷花的形状，与诗中的意境完美融合

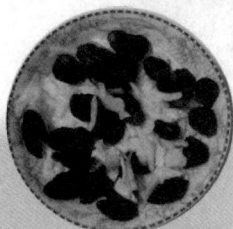

半江瑟瑟半江红
——王维 初1701班 春来冬
这道菜巧用糯肉和白芝麻老抽油时机，与诗中半江瑟瑟半江红完美对照，将古诗中的韵味可得的食材都赋予了意义

春笋破土节节高
——杜甫 初1701班 艾森特
这道菜是由嫩笋制作而成的绿色食材，体现一种春笋破土破土奋发向上

春在溪头荠菜花
——辛弃疾 初1701班 艾森特
这道菜是由荠菜和肉馅做的水子汤

甜品

霜重今日来如瓜
——赵潘老 初1701班 艾森特
糯米放入掏好的南瓜中，将丰的食材营造出一种营养的瑞果，与古诗瑞果融合

水果

万紫千红总是春
——朱熹 初1701班 李姗译
用各色水果拼成拼盘，颜色鲜艳且富有活力

（年夜饭菜谱设计制作：初1701班 李奕则）

【点评指导】

年夜饭是中国人一年中最郑重其事的一顿饭,它不仅仅是一顿饭,更蕴含着祝福,寄托着希望。给菜品起个脱俗的名字,是中国的传统。这份学生优秀作业组合而成的别具一格的年夜饭菜谱,分为凉菜、热菜、甜品、水果四部分,构思巧妙,颇有匠心。每道菜配的诗句和菜品内容相得益彰,别致又有意境。

(2) 以"辞旧迎新"为主题,为自己家庭写一副对联,用红纸写出,春节时贴在家门上,并拍照留念。

【同学分享】

(初1701班　袁润)

【点评指导】

春节贴对联,是家家户户都要做的。学生写的这副对联,"九州瑞气迎春到,四海祥云降福来"非常符合对联的写作要求,仄起平收,对仗工整,吉祥喜庆而又意境宏大,并且字体大气,是一幅非常优秀的作品。

（3）阅读专题文章后，找一找文章中旧式新年有哪些习俗在现在生活中已经消失。选其中一个你感兴趣的，和家人一起体验一次吧。

2. 设计桃符

王安石曾以"千门万户曈曈日，总把新桃换旧符"来描述春节元日的情景。其中的"新桃旧符"就是指古人挂在门上驱邪祈福的桃符。桃符上一般书写"神荼""郁垒"二位门神的名字。据东汉王充《论衡·订鬼篇》所引《山海经》记载："沧海之中，有度朔之山。上有大桃木，其屈蟠三千里，其枝间东北曰鬼门，万鬼所出入也。上有二神人，一曰神荼，一曰郁垒，主阅领万鬼。恶害之鬼，执以苇索而以食虎。于是黄帝乃作礼，以时驱之，立大桃人，门户画神荼、郁垒与虎，悬苇索以御凶魅。有形，故执以食虎。"由此可知，书此二神之名于桃木板挂在大门上，是为了借二神神力，驱除鬼邪，祈求平安。请大家根据上面的描述设计一对桃符吧！要求选择一种字体（小篆隶楷行草）在桃符上书写二位门神的名字，并配上相应的传统纹样，符合桃符和春节的主题。

（1）传统吉祥纹样示例

祥云纹：寓意吉祥如意，大吉大利

蝙蝠纹：寓意多福，福到

（2）字体示例

金文　　　　小篆　　　　隶书

楷书　　　　行书　　　　草书

【同学分享】

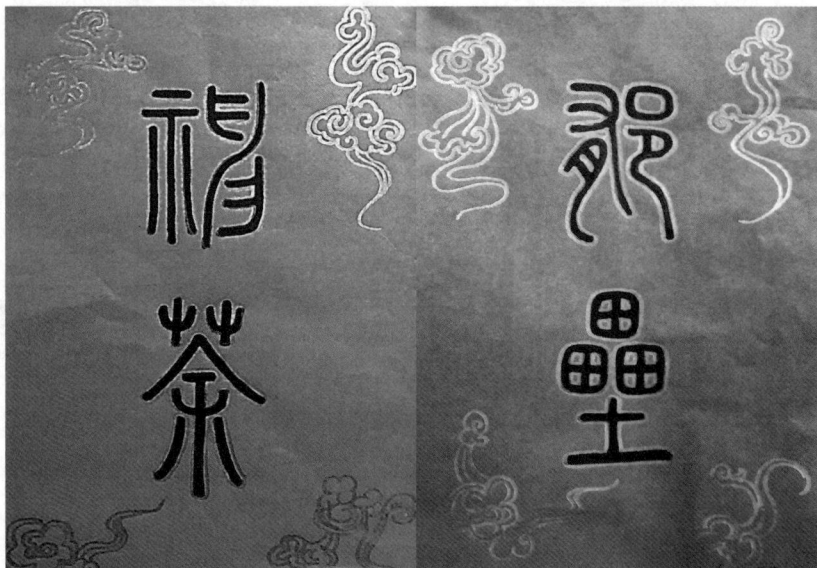

初 1709 班　李若溪

【点评指导】

　　"桃符"屡屡出现在写春节的诗词当中。"总把新桃换旧符"是传统习俗，"灯前小草写桃符"是文人雅事。同学们亲手设计桃符是一个新鲜有趣的体验。这位同学的设计令人眼前一亮。大红色做底，突出春节的喜庆气氛，黑色的篆体字匀平圆转，用的是最古老的桃符字体。四个字均用金色勾边显出郑重。黑、红、金颜色鲜明。整个设计夺人眼目。

⊙ 清明节

生活中的节日

节日由来

每年公历 4 月 5 日前后为清明节,其准确时间是春分后十五日。清明节是中国目前节日体系中唯一一个既是节气又是节日的传统节日。

清明节真正成为民俗节日是在唐宋之后。但是从清明节的节俗来看,它与清明节气、寒食节和上巳节有着紧密联系。汉魏以前,清明主要是指二十四节气的清明,意思是说八风之一的清明风至,温暖和煦,天地清净,空气澄明,是为清明。发展到唐宋时期,清明节逐渐开始出现扫墓和踏春的习俗,渐渐成为民俗节日,成为人们追怀先人、亲近春天的重要时日。1935 年,中华民国政府规定 4 月 5 日为国定假日,2006 年清明节被列入第一批国家级非物质文化遗产名录,2008 年成为正式的法定节假日。

节日习俗

清明节的习俗主要分为两个主题:祭祖扫墓和踏春游春。

清明节是一个悲伤、沉思的节日,是民间三大"鬼节"之一。这里的鬼并非贬义,而是"鬼者,归也",是指人去世的意思。唐代以来,清明前后人们多上坟扫墓,祭祖怀人,故杜牧有诗云:"路上行人欲断魂。"这一习俗,本是为寒食节所有,后因寒食节的衰落,才转移为清明节的节俗。寒食节原本与中国古代社会寒食禁火的习俗有关,后来加入了春秋战国时期晋国介子推的传说,这才为寒食节赋予了悼念亡者、追怀先贤的重要意义。也使得今天,清明节成为重要的纪念日,人们纷纷为烈士、先贤们献花祭扫。

清明节又是一个庆祝新生、拥抱春天的欢悦日子。清明风至,万物欣欣向荣,人们争相出游,尽享春日。记录明代风物的《帝京景物略》载:"哭罢,不归也,趋芳树,择园圃,列坐尽醉。"也就是说清明节扫墓追怀后,人们值此春日良辰,结伴郊游,共赏春日芳菲。在游玩过程中也有众多的节俗活动,如蹴鞠、秋千等。据学者考证这些活动原本也属于寒食节所有。但是也有学者指出,清明节出游赏春,其实与春秋时期的上巳节有关。《诗经·溱洧》记载:"溱与洧,方涣涣兮,士与女,方秉蕳兮。"这写的便是上巳佳节,男女相约溱洧河畔游玩的场景。魏晋时期,三月三日上巳节文人雅士相约兰亭,曲水流觞,临水修禊。《荆楚岁时记》载:"三月三日,四民并出江渚池沼间。临清流，为流杯曲水之饮"，可见不只是兰亭雅集，民间也多有上巳出游赏春之俗。因上巳与清明相近，后上巳衰落，其游春之俗便转移到清明之中。由此可见，清明节既难免伤怀，又应当为新生而喜啊！

名家眼中的节日

故乡的野菜

周作人 [①]

我的故乡不止一个，凡我住过的地方都是故乡。故乡对于我并没有什么特别的情分，只因钓于斯游于斯的关系，朝夕会面，遂成相识，正如乡村里的邻舍一样，虽然不是亲属，别后有时也要想念到他。我在浙东住过十几年，南京、东京都住过六年，这都是我的故乡；现在住在北京，于是北京就成了我的家乡了。

日前我的妻往西单市场买菜回来，说起有荠菜在那里卖着，我便想起浙东的事来。荠菜是浙东人春天常吃的野菜，乡间不必说，就是城里只要有后园的人家都可以随时采食，妇女小儿各拿一把剪刀一只"苗篮"，蹲在地上搜寻，是一种有趣味的游戏的工作。那时小孩们唱道，"荠菜马兰头，姊姊嫁在后门头。"后来马兰头有乡人拿来进城售卖了，但荠菜还是一种野菜，须得自家去采。关于荠菜向来颇有风雅的传说，不过这似乎以吴地为主。《西湖游览志》云，"三月三日男女皆戴荠菜花。谚云，三春戴荠花，桃李羞繁华。"顾禄的《清嘉录》上亦说，"荠菜花俗呼野菜花，因谚有三月三蚂蚁上灶山之语，三日人家皆以野菜花置灶陉上，以厌虫蚁。侵晨村童叫卖不绝。或妇女簪髻上以祈清目，俗号眼亮花。"但浙东却不很理会这些事情，只是挑来做菜或炒年糕吃罢了。

黄花麦果称通鼠麹草，系菊科植物，叶小，微圆互生，表面有白毛，花黄色，簇生梢头。春天采嫩叶，捣烂去汁，和粉作糕，称黄花麦果糕。小孩们有歌赞美之云，

> 黄花麦果韧结结，
>
> 关得大门自要吃：
>
> 半块拿弗出，一块自要吃。

清明前后扫墓时，有些人家——大约是保存古风的人家——用黄花麦果作供，但不作饼状，做成小颗如指顶大，或细条如小指，以五六个作一攒，名曰茧果，不知是什么意思，或因蚕上山时设祭，也用这种食品，故有是称，亦未可知。自从十二三岁时外出

[①] 周作人（1885—1967），现代散文家、文学理论家、评论家。

不参与外祖家扫墓以后，不复见过茧果，近来住在北京，也不再见黄花麦果的影子了。日本称作"御形"，与荠菜同为春天的七草之一，也采来做点心用，状如艾饺，名曰"草饼"，春分前后多食之，在北京也有，但是吃去总是日本风味，不复是儿时的黄花麦果糕了。

　　扫墓时候所常吃的还有一种野菜，俗名草紫，通称紫云英。农人在收获后，播种田内，用做肥料，是一种很被贱视的植物，但采取嫩茎瀹食，味颇鲜美，似豌豆苗。花紫红色，数十亩接连不断，一片锦绣，如铺着华美的地毯，非常好看，而且花朵状若蝴蝶，又如鸡雏，尤为小孩所喜，间有白色的花，相传可以治痢，很是珍重，但不易得。日本《俳句大辞典》云，"此草与蒲公英同是习见的东西，从幼年时代便已熟识。在女人里边，不曾采过紫云英的人，恐未必有罢。"中国古来没有花环，但紫云英的花球却是小孩常玩的东西，这一层我还替那些小人们欣幸的。浙东扫墓用鼓吹，所以少年们常随了乐音去看"上坟船里的姣姣"；没有钱的人家虽没有鼓吹，但是船头上篷窗下总露出些紫云英和杜鹃的花束，这也就是上坟船的确实的证据了。

1924 年 2 月

过　节

叶圣陶[①]

　　逢到节令，我们遵照老例祭祖先。苏州人把祭祖先特称为"过节"，别地方人买一些酒菜，大家在节日吃喝一顿，叫作"过节"；苏州人对于这两个字似乎没有这样用法。

　　过节以前，母亲早已把纸锭摺好了。纸锭的原料是锡箔，是绍兴地方的特产。前几年我到绍兴，在一个土山上小立，只听得密集的市屋间传出达达的声音，互相应答，就是在那里打锡箔。

　　我家过节共有三桌。上海弄堂房子地位狭窄，三桌没法同时祭，只得先来两桌，再来一桌。方桌子仅有一只，只得用小圆桌凑数。本来是三面设座位的，因为椅子不够，就改为只设一面。杯筷碗碟拿不出整齐的全套，就取杂色的来应用。蜡盏弯了头。香炉里香灰都没有，只好把三支香搁在炉口就算。总之，一切都马虎得很。好在母亲并不拘于成规，对于这一切马虎不曾表示过不满。但是我知道，如果就此废止过节，一定会引起她的不快。所以我从没有说起废止过节。

　　供了香，斟了酒，接着就是拜跪。平时太少运动了，才过 40 岁，膝关节已经硬化，

---

① 　叶圣陶(1894—1988)，现代作家、教育家。

跪下去只觉得僵僵的，此外别无所思。在满座的祖先中间，记忆得最真切的是父亲和叔父，因为他们过世最后。但是我不能想象他们与十几位祖先挤坐在两把椅子上举杯喝酒举筷吃菜的情状。又有一个 11 岁上过世的妹妹，今年该三十八了，母亲每次给她特设一盘水果，我也不能想象她剥橘皮吐桃核的情状。

从前父亲跟叔父在日，他们的拜跪就不相同。容貌显得很肃穆，一跪三叩之后，又轻轻叩头至数十回，好像在那里默祷，然后站起来，恭敬地离开拜位。所谓"祭如在""临事而敬"，他们是从小就成为习惯了的。新教育的推行与时代的转变把古传的精灵信仰打破，把儒家的报本返始的观念看得并没有什么了不起，于是"如在"既"如"不起来，"临事"自不能装模作样地虚"敬"，只成为一种毫无意义的例行故事：这原是必然的。

几个孩子有时跟着我拜，有时说不高兴拜，也就让他们去。焚化纸锭却是他们欢喜干的事情；在一个搪瓷面盆里慢慢地把纸锭加进去，看它们给火焰吞食，一会儿变成白色的灰烬，仿佛有冬天拨弄炭火盆那种情味。孩子们所知道的过节，第一自然是吃饭时有较好较多的菜；第二，这是家庭里的特种游戏，一年内总得表演几回的。至于祖先会扶老携幼到来，分着左昭右穆坐定，吃喝一顿之后，又带着钱钞回去：这在孩子是没法想象的，好比我不能想象父亲叔父会到来参加这家族的宴飨一样。从这一点想，虽然逢时过节，对于孩子大概不至于有害吧。

（初 1706 班　张涵玢推荐）

清明是一树绿叶纷披的柳

郑云云①

清明时，官庄门前的大路上不断有鞭炮炸响。每当鞭炮响起，就一定会有一支祭扫的队伍手持高高低低的白幡浩浩荡荡走过来，中间还有热热闹闹的吹打音乐。这样的祭祀我原在南昌城里时从没见过，所以每当有祭祀队伍经过，我都会站在门前看上一会。听说景德镇从前的清明祭祀是非常隆重的，在清明的这一天，各省会馆、帮会、祠堂都要举行祭祀会，祭祀队伍前面是长方形社旗，接上是十番班乐队，再接着是礼盒队，内放三牲福礼和酒饭香烛。再后面是用瓷器篮装着的纸钱，还有的是用木梯扛着堆叠得很高的纸包袱，一路吹吹打打到各自的墓地，十分热闹。祭祀结束后的聚餐也十分丰盛。

---

① 郑云云，中国散文学会理事，中国国画家协会会员。

人们的日常生活比起从前要复杂多了,民俗才越来越简化了吧?

清明那天我仍守在景德镇等候烧窑,我热爱瓷器如同我热爱清明,它们都是先人留下的无可替代的财富。英打电话来,说家里做的清明果掺了好多好多艾叶,都绿得发黑,她想坐火车给我送来。我安慰英,烧窑的明发也给我送了他家做的清明果,里面的馅是豆腐和艾叶,虽然没有放太多的艾叶,只有淡淡的绿色,但也很清香。

英在春初时就说:"姐啊,清明的时候你还回家来吧,我们一块去河堤边插柳枝,采艾叶,做绿绿的清明果吃。"

英说这话的时候,还是三月初的日子,那时我和莲玉姐,英,正在野地里采荠菜和野水芹。下过雨的水塘水色昏黄,塘边生长的水芹却愈发显得绿汪汪的,春天的水芹是汁液充盈的植物,用手一掐,嫩嫩的茎叶就发出清脆的声响。而荠菜一簇簇挤在路边荒地上,紧贴地面生长的叶片看上去生机勃勃,过不了多久,它们就要开出小米粒的白花来,等到清明时节,米粒般的小白花就成了一团团极小极小的三角形荚果,第二年开春,绿褐色的荠菜又会铺满野地。野地里还生长着许多我叫不上名来的绿草,我只认识开着小紫花的紫云英和有着长长叶梗的车前,它们好看的叶片上沾满了水珠。

惊蛰一过,大地深处的生命全醒了,水塘里地面上,到处可见匆匆飞过的菜蝴蝶和水蜻蜓,好看的翅膀在阳光中一闪一闪。莲玉姐说,太阳真好,田野好美。英说,这么鲜嫩的荠菜,我们多采一些回家包荠菜饺子。英都采了满满一篮,还舍不得上路。莲玉姐和英,是我的大姑小姑。本来我们是相约着去浏阳看亲戚,可一路的水雾、露珠、青草、太阳,让我们觉得大地上有许多东西更值得花时间品味,春天的土地上溢满了泥土的芬香,我们不想为了一个既定目标而匆匆赶路。

这就像生活中会有许多的方向,其实只是你行走在路上的理由。我们的祖先很早就明白了这个道理,两千五百多年前,先人中的智者将一年分为二十四个节气,它们成为人间的杏花、雨点、霜露和鸟鸣,周而复始,让岁月充满了生命的诗境:惊蛰地气萌动,小虫苏醒;春分时节柳条生绿,桃花开片;清明田鼠进洞,彩虹初现,种瓜种豆……大自然的物候也同样滋生爱情,我们听见两千多年前的古人在《诗经》中浪漫地唱着:"参差荇菜,左右流之。窈窕淑女,寤寐求之……参差荇菜,左右采之。窈窕淑女,琴瑟友之……""彼采萧兮,一日不见,如三秋兮! 彼采艾兮,一日不见,如三岁兮!"

先人们比我们更亲近大自然,当然也就更依恋自然。古人对性灵的重视远胜于现代人,在他们吟咏的诗句中,野地里的花草无处不在,它们本就是生命中不可须离的部分。

春分一过,清明就到了。这本是古人踏青的好时光,后来却融入寒食节祭奠先人的习俗,使清明在踏青赏春之际也多了一份慎远追思的感伤。古人将清新明丽的春之欢乐与生离死别的人间悲酸合为一体,其中藏有怎样的玄机呢?也许,生与死,本来就是顺应自然的轮回,优雅相对才符合人生真谛。生与死的行走充满诗境,生命才能获得本有的尊严和高贵。万物复苏之际,人们倾城而出,郊游扫墓,让清明成为生者与逝者合欢的节日,这正是先民的大智慧啊。

在与清明相关的唐诗宋词中,杜牧的"清明时节雨纷纷……"家喻户晓,但我更喜欢晏殊的一首小令:

燕子来时新社,梨花落后清明。池上碧苔三四点,叶底黄鹂一两声,日长飞絮轻。

巧笑东邻女伴,采桑径里逢迎。疑怪昨宵春梦好,元是今朝斗草赢,笑从双脸生。

词中缓缓展开的民俗风情,是一幅多么令人动心的江南春景图啊:农历二月的春分时节,江南一带的百姓开始纷纷祭祀社神,祈祷农事丰收。"仲春之月玄鸟至",燕子飞来的时候正是新社,转眼梨花一落,就到了清明时节。池塘水面生出碧苔,在黄鹂的叫声柳絮的飞花中,日子开始一天天变得悠长。采桑少女们相互斗草时的欢娱,与欣欣向荣的大自然是多么的合拍啊。

何谓斗草?那是人与自然的嬉戏,岂是现代的麻将与扑克所能相提并论。斗草在中国古代不仅是少女们的游戏,也是百姓们的游戏。斗草双方以所采之草的种类多寡和韧性相较量,或以说出花草之名相应对,如以"狗尾草"对"鹅掌花","羊须藤"对"虎耳草","入地金牛"对"扑地蜈蚣","七里香"对"九重葛","百日红"对"万年青"……其中的情趣和文化,哪能像某些注释中解说的那样,摘来几根草茎双方拉拉扯扯比个输赢而已。

民俗中有一些与平常日子不同的节日,它们就像田野里生出的清风、明月、绿草、鸟鸣,点亮了沉默的大地,让寻常日子有了动人心弦的声音和色彩。

清明,就是这样的节日。它是一树绿叶纷披的柳,在春天将尽的日子让你听见风声、雨声、鸟的歌唱,让你看见清晨的露珠、傍晚的阳光、柳树下走过的人群。我们藉此知道古人生活中不仅存在辅国封疆、居产贡纳的生命之"重",也存有优雅幸福的快乐光阴,并以此作为生命的最高形式之一。

看古代民窑里遗存的民间青花,我也会产生这样的感受。

傍晚,我到底还是独自一人去了官庄后面的田野,在野地里折回一支沾满水珠的柳条,我把它小心地插进屋旁的空地,培了土,浇上水,如果再下几场春雨,它会慢慢地生根,长叶,明年,它就能长成一棵小树了。

我知道绿叶纷披的柳条和清香的艾叶都来自大地深处,那是逝去的长辈们借助春深的土地送给我们生生不息的祝福。

清明读介子推

介子推不言禄

《左传》①

晋侯②赏从亡者,介子推③不言禄,禄亦弗及。

推曰:"献公④之子九人,唯君在矣。惠、怀无亲,外内弃之。天未绝晋,必将有主。主晋祀者非君而谁? 天实置之,而二三子⑤以为己力,不亦诬乎? 窃人之财,犹谓之盗,况贪天之功,以为己力乎? 下义其罪,上赏其奸,上下相蒙,难与处矣!"其母曰:"盍亦求之? 以死,谁怼⑥?"对曰:"尤而效之,罪又甚焉! 且出怨言,不食其食。"其母曰:"亦使知之,若何?"对曰:"言,身之文⑦也。身将隐,焉用文之? 是求显也。"其母曰:"能如是乎? 与女⑧偕隐。"遂隐而死。

晋侯求之不获。以绵上⑨为之田⑩,曰:"以志吾过,且旌⑪善人。"

（选自《左传·僖公二十四年》）

注释

① 《左传》,相传是春秋末年鲁国的左丘明所作,中国第一部编年体史书。

② 晋侯:指晋文公,即重耳。他逃亡在外,在秦国的帮助下回晋继承君位。

③ 介子推:晋文公臣子,曾割自己腿上的肉以食文公。

④ 献公:重耳之父晋献公。

⑤ 二三子:指跟随文公逃亡的人。子是对人的美称。

⑥ 怼:怨恨。

⑦ 文:花纹,这里是装饰的意思。

⑧ 女:同"汝",你。

⑨ 绵上:地名,在今山西介休市南、沁源县西北的介山之下。

⑩ 田:祭田。

⑪ 旌:表彰。

参考译文

晋文公赏赐跟着他逃亡的人们,介之推不去要求禄赏,而(晋文公)赐禄赏时也没有考虑到他。

介之推说:"献公有九个儿子,现在惟独国君还在(人世)。惠公、怀公没有亲信,(国)内外都抛弃他们。天没有(打算)灭绝晋,(所以)必定会有君主。主持晋国祭祀的人,不是君王又是谁呢?上天实际已经安排好了,而跟随文公逃亡的人却认为是自己的贡献,(这)不是欺骗吗?偷窃别人的钱财,都说是盗窃。更何况贪图天的功劳,将其作为自己的贡献呢?下面的(臣子)将罪当作道义,上面的(国君)对(这)奸诈(的人)给予赏赐。上下互相欺瞒,难以和他们相处啊。"他母亲说:"你为什么不也去要求赏赐呢?(否则)这样(贫穷地)死去(又能去)埋怨谁呢?"介子推回答说:"(既然)斥责这种行为是罪过而又效仿它,罪更重啊!况且已经说出埋怨的话了,(以后)就不能吃他的俸禄了。"他母亲说:"也让国君知道这事,好吗?"介子推回答说:"言语,是身体的装饰。身体将要隐居了,还用装饰它吗?这样是乞求显贵啊。"他的母亲说:"(你)能够这样做吗?(那么我)和你一起隐居。"便(一直)隐居到死去。晋文公没有找到他,便用绵上作为他的祭田,说:"用它来记下我的过失,并且表彰善良的人。"

介子推割股啖君

《韩诗外传》[①]

晋文公重耳亡[②]过曹[③],里凫须[④]从,因盗重耳资而亡。重耳无粮,馁[⑤]不能行,子推割股肉以食重耳,然后能行。及重耳反[⑥]国,国中多不附重耳者。于是里凫须造[⑦]见曰:"臣能安[⑧]晋国。"文公使人应之曰:"子尚何面目来见寡人欲安晋也?"里凫须曰:"君沐[⑨]邪?"使者曰:"否。"里凫须曰:"臣闻沐者其心倒,心倒者其言悖。今君不沐,何言之悖也?"使者以闻。文公见之,里凫须仰首曰:"离国久,臣民多过[⑩]君,君反国而民皆自危。里凫须又袭竭君之资,避于深山,而君以馁,介子推割股,天下莫不闻。臣之为贼亦大矣,罪至十族,未足塞责。然君诚赦之罪,与骖乘[⑪]游于国中,百姓见之,必知不念旧恶,人自安矣。"于是文公大悦,从其计,使骖乘于国中。百姓见之,皆曰:"夫里凫须且不诛而骖乘,吾何惧也!"是以晋国大宁。故《书》云:"文王卑服,即康功田功。"若里凫须,罪无赦者也。《诗》曰:"济济多士,文王以宁。"

(选自【汉】韩婴《韩诗外传》)

注释

① 《韩诗外传》，被认为是汉代韩婴所作，是一部记述中国古代史实、传闻的著作。

② 亡：逃跑。

③ 曹：春秋时诸侯国，在今山东菏泽。

④ 里凫须：春秋晋国宁府守府者。

⑤ 馁：饥饿。

⑥ 反：同"返"，返回。

⑦ 造：去，到。

⑧ 安：使……安定。

⑨ 沐：洗头发。

⑩ 过：责备。

⑪ 骖乘：乘车时居于右，陪乘。

参考译文

　　晋文公重耳在流亡经过曹国时，里凫须为随从，他盗走重耳的资财逃走了。重耳没有粮食，饿得不能走路，介子推割下自己大腿上的肉给重耳吃，然后重耳才能走路。等重耳返回晋国，国内有不少人不归顺重耳。这时里凫须前去见重耳说："我能使晋国安宁下来。"晋文公派人回答他说："你还有什么面目来见我，并且想安定晋国。"里凫须说："国君在洗头吗？"派来的人说："没有。"里凫须说："我听说洗头时心是倾倒在一边的，心倾倒的人说话也是悖谬的。现在国君并未洗头，为什么说话如此悖谬呢？"派来的人把他的话传给重耳。重耳便接见了里凫须，里凫须仰着头说："离开晋国时间长了，百姓大都责怪您，所以您回国后人人自危。我里凫须又曾突然盗走了您的全部资财，躲避在深山里，国君您因此饥饿，介子推割下大腿上的肉给您吃，天下人没有不知道的。我作为一个盗贼也够大的了，即使惩罚到灭我十族，也不足以抵偿我的罪责。但是国君您如果真能赦免我的罪过，让我陪您坐车周游国都，老百姓看见了，一定会因此知道您不念旧恶，这样人心自然就安定下来了。"于是，晋文公很高兴，听从了里凫须的计策，让他坐在车上陪同自己周游全国。老百姓见了，都说："里凫须不但没被杀，反而能陪乘，我们还怕什么呢。"因此晋国很快安定下来。所以《尚书》说："文王卑服，即康功田功。"像里凫须这种人，是罪大恶极、不可饶恕的。《诗经》说："济济多士，文王以宁。"

晋惠公怒杀庆郑　介子推割股啖君(节选)

《东周列国志》①

　　再行约十余里,从者饥不能行,乃休于树下。重耳饥困,枕狐毛②之膝而卧。狐毛曰:"子余③尚携有壶餐,其行在后,可俟之。"魏犨④曰:"虽有壶餐,不够子余一人之食,料无存矣。"众人争采蕨薇⑤煮食,重耳不能下咽,忽见介子推捧肉汤一盂以进,重耳食之而美,食毕,问:"此处何从得肉?"介子推曰:"臣之股肉也。臣闻:'孝子杀身以事其亲,忠臣杀身以事其君。'今公子乏食,臣故割股以饱公子之腹。"重耳垂泪曰:"亡人⑥累子甚矣! 将何以报?"子推曰:"但愿公子早归晋国,以成臣等股肱之义,臣岂望报哉?"髯仙有诗赞云:

> 孝子重归全,亏体谓亲辱。
>
> 嗟嗟介子推,割股充君腹。
>
> 委质称股肱,腹心同祸福。
>
> 岂不念亲遗,忠孝难兼局!
>
> 彼哉私身家,何以食君禄?

(选自【明】冯梦龙《东周列国志》)

注释

①《东周列国志》,明末小说家冯梦龙所作,是中国古代的一部历史演义小说。

② 狐毛:中国春秋时代晋国大夫,晋文公的舅舅,又称子犯。

③ 子余:赵衰,晋国大夫,字子余。

④ 魏犨:晋国大夫。姬姓,魏氏,名犨,谥武,故魏犨又称魏武子。

⑤ 蕨薇:蕨菜和薇菜,这里泛指野菜。

⑥ 亡人:流亡、逃跑的人。这里是重耳指称自己。

参考译文

　　再往前走了大约十里,那些随从已经饿得走不动了,大家便在树下休息一会儿。重耳也是又饥又困,枕在狐毛的膝盖上睡了一小会儿。狐毛对重耳说:"赵衰还有吃的东西,他在后面,我们等一会儿他就到了。"魏犨道:"那点东西还不够子余一个人吃的,料想现在已经没有了。"众人便采了不少蕨菜来煮了吃,重耳吃在嘴里,却难以下咽。这时,介子推捧了碗肉汤过来献给重耳,重耳美滋滋地一口气吃完,然后才想起来问:"这是从哪里弄来的肉?"介子推道:"那是臣大腿上的肉。臣知道:'孝子杀身以事其亲,忠臣杀身以事其君。'如今公子没有东西吃,臣所以割大腿上的肉来让公子充饥。"重耳听完,流下泪来,道:"这让我如何来报答你啊!"介子推道:"但愿公子能够早日回到晋国,以达到臣等追随辅佐的目的。臣哪敢指望公子报答呢!"

清明节与介子推

石钟健

在春光明媚,桃红柳绿的三四月间,中国传统习俗中最重视的一个节日就是清明节了。清明节大约始于周代,距今已有 2500 多年的历史。"清明"最开始是一个很重要的节气,古人把一年分为二十四个节气,以这种岁时历法来播种、收成,清明便是二十四节气之一,在春分后 15 天。清明一到,气温升高,正是春耕春种的大好时节,故有"清明前后,种瓜种豆""植树造林,莫过清明"的农谚。按"岁时百问"的说法:"万物生长此时,皆清洁而明净。故谓之清明。"所以,"清明"本为节气名,后来加了寒食禁火及扫墓的习俗才形成清明节的。

关于清明节,有这样一个传说。

相传春秋战国时代,晋献公的妃子骊姬为了让自己的儿子奚齐继位,就设毒计谋害太子申生,申生被逼自杀。申生的弟弟重耳,为了躲避祸害,流亡出走。在流亡期间,重耳受尽了屈辱。原来跟着他一道出奔的臣子,很多都各奔出路了。只剩下少数几个忠心耿耿的人一直追随着他,其中一人叫介子推。有一次,重耳由于过度劳累和饥饿,晕倒了。介子推为了救重耳,从自己腿上割下了一块肉,用火烤熟了送给重耳吃,重耳非常感激。重耳君臣艰难地度过了 19 年的流亡生活后,年已 62 岁的重耳终于回到了晋国,当上了国君,也就是著名的春秋五霸之一晋文公。

晋文公执政后,对那些和他同甘共苦的臣子大加封赏,唯独介子推不愿受封。晋文公差人去了几趟,介子推执意不肯。晋文公只好亲自去请,到他家门口时发现门上了锁,介子推背着老母亲逃隐到绵山(今山西介休县东南)去了。晋文公便让他的御林军上绵山搜索,没有找到。于是,有人出了个主意说:"不如放火烧山,三面点火,留下一方,大火起时介子推会自己走出来的。"晋文公下令举火烧山,孰料大火烧了三天三夜,大火熄灭后,终究不见介子推出来。上山一看,介子推母子俩抱着一棵烧焦的大柳树已经死了。晋文公望着介子推的尸体哭拜一阵,然后安葬遗体,发现介子推脊梁堵着个柳树树洞,洞里好像有什么东西。掏出一看,原来是片衣襟,上面题了一首血诗:

割肉奉君尽丹心,但愿主公常清明。

柳下作鬼终不见,强似伴君作谏臣。

倘若主公心有我,忆我之时常自省。

臣在九泉心无愧,勤政清明复清明。

晋文公将血书藏入袖中,然后把介子推和他的母亲分别安葬在那棵烧焦的大柳树下。为了纪念介子推,晋文公下令把绵山改"介山",在山上建立祠堂,并把放火烧山的这一天定为寒食节,晓谕全国,每年这天禁忌烟火,只吃寒食。

走时,他伐了一段烧焦的柳木,到宫中做了双木屐,每天望着它叹道:"悲哉足下。""足下"是古人下级对上级或同辈之间相互尊敬的称呼,据说就是来源于此。

以后,晋文公常把血书袖在身边,作为鞭策自己执政的座右铭。他勤政清明,励精图治,把国家治理得很好。晋国的百姓得以安居乐业,对有功不居、不图富贵的介子推非常怀念。每逢他死的那天,大家也自觉遵守国君的命令用禁止烟火来表示对介子推的怀念,后人便把这一天叫作"寒食节"或"禁烟节",当年的这一天正是清明节的前一天。

寒食的风俗持续了很久,尤其是春秋时晋国所在地山西,竟规定一个月寒食,这个规定在生活上造成了很多困难,因此东汉末年曹操统治时,下令取消了这一习惯。大约到唐代以后,清明和寒食节逐渐合为一天。经过一千多年的变化发展,清明寒食节已形成了许多民间风俗,最主要的是扫墓和踏青活动。现在,有关清明节的一些迷信祭祀活动已被历史淘汰了,但利用这一节日到烈士陵园或到亲友墓地去扫墓寄以哀思的习俗仍然继承下来了。

(选自《初中生学习(高)》2013-04-10 期刊)

诗词话清明

清华附中清兰书法社学员习作

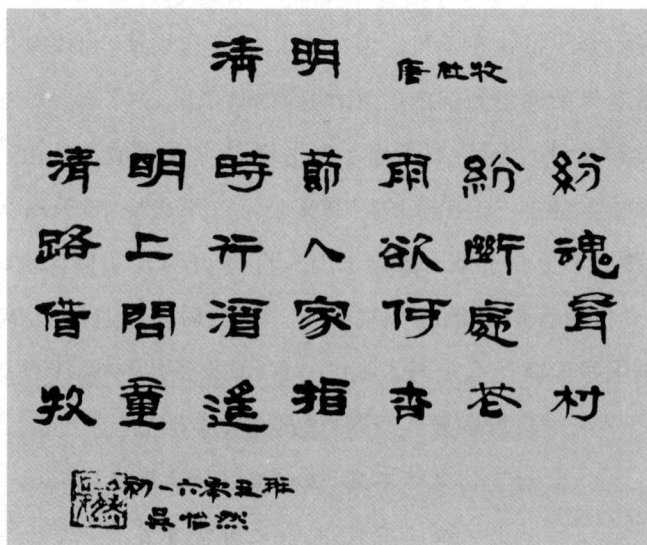

(初 1605 班　吴怡然　书写)

清华附中西园诗社吟唱学习视频

清明

学 习 任 务

一、书法练习。请用你擅长的字体将《清明》这首诗写成一幅书法作品。

二、批注留念。边读书，边批注。挑选一则最满意的批注，写入下表。

摘　　录	批　　注

三、以读导写。任选一题完成。

1. 清明节是一个追思怀远的节日。这一天，我们会追念先贤，学习他们的精神品质。请你模仿臧克家写的《有的人》，写一首诗，追念你心中最敬重的先贤。字数句数不必与其完全一样，大体模仿就可以，当然也鼓励创新。题目统一为《有的人》，副标题自选。

有 的 人
——纪念鲁迅逝世十三周年有感
臧克家

有的人活着

他已经死了；

有的人死了

他还活着。

有的人

骑在人民头上："呵，我多伟大！"

有的人

俯下身子给人民当牛马。

有的人

把名字刻入石头，想"不朽"；

有的人

情愿作野草，等着地下的火烧。

有的人

他活着别人就不能活；

有的人

他活着为了多数人更好地活。

骑在人民头上的

人民把他摔垮；

给人民做牛马的

人民永远记住他！

把名字刻入石头的

名字比尸首烂得更早；

只要春风吹到的地方

到处是青青的野草。

他活着别人就不能活的人，

他的下场可以看到；

他活着为了多数人更好地活着的人，

群众把他抬举得很高，很高。

【同学分享】

有　的　人
——鲁迅与他笔下的人

初 1214 班　朱翊豪

有些人站着

冷嘲热讽且举止恣睢

有个人立着

唇枪舌剑皆横眉相对

有些人读书

仗势欺人打断了腿

有个人写书

求索救国鞠躬尽瘁

有些人自己会变

一池碧波转为一塘死水

有个人会变别人

浑浊污沟化为清流一汇

有些人是很多人

把社会搅成铁屋铁柜

有个人是一个人

将封建褪去落日余晖

【点评指导】

该同学在臧克家诗歌《有的人》的格式基础上有自己的理解与创新,更利于自己创作,很好。在内容方面,该同学以鲁迅和鲁迅笔下的人物为主要描写对象,将鲁迅和鲁迅笔下的部分典型人物的个性特征融入诗歌创作,让两种人物产生强烈对比,以突出鲁迅的大无畏、不流世俗,形成较为强烈的审美感受。

2. 清明节时,你可能曾经随家人去扫墓,也可能曾经随老师和同学去烈士陵园祭扫或去烈士纪念馆参观。请结合清明节特有的环境气氛,写出当时的场面。

【同学分享】

小 城 陵 园

初 1707 班 金之涵

当我走近这座历史悠久、身经百战而岿然不动的古城宛平时,依稀可以看到城墙上的弹痕。就在几十年前,今日此刻的风和日丽,是当年残酷黑暗的腥风血雨。这座城、这片记忆,都是那段屈辱往事留下的、抹不掉的刻痕。

许是为了纪念历史,又或是为了留一方净土,虽然只隔着一堵老城墙,却是截然不同的天地。城里还铺着结实的青石板,小径两旁是保存完好的清朝县衙、晓月楼阁,几个大爷坐在竹椅上谈笑风生,说的是地道的老北京话。我还惊奇地发现,这里的人们不开汽车,用的还是老式的三轮车和自行车,恍若民国时期一般。一切都显得从容而安谧。

拐过几道小弯,便到了烈士陵园——这是保家卫国的将士们安息的地方。陵园很干净整洁,一座半个篮球场大的圆形小丘掩映在苍松翠柏间,小丘的四周是用老式的青砖砌的矮墙围成的,有大概一米高。土丘上有不少新草,在午后的风中招摇。出乎意料地,这里没什么人,只有一座冰冷的密密麻麻刻满了烈士名字的石碑,孤独侍立在土丘前,默默铭记着时过境迁的一切。

我在碑前放了一束菊花,为死者默哀,偶然飞过的鸟儿留下几声清鸣。

我忽然觉得,人的多少并不是那么重要。这座城,不曾习惯过喧闹,也不曾追求过繁盛,只是做自己该做的,在京城的南境,守卫着一代又一代人。

【点评指导】

不只有陵园所在的小城是安静的,这篇文字也是。文章结合清明节特有的环境气氛,写古城悠悠和古柏森森,写陵园的静谧和城里人的闲静,读来让人确有清明祭扫的意味。清明节的意义之一就是铭记。于家,是缅怀亲人;于国,是勿忘历史。不论是追怀感伤,还是庄严肃穆,因为有了清明这个特殊的节日,才让这样的一种情怀和感悟有安放的地方;而这座城、这座碑又成了安放清明时节的地方;作者的心又成了安放这座城的地方。全文文字流畅,抒情自然,写出了清明所见和所感,文质兼美。

四、以评促思。任选一题完成。

1. 杜牧写清明"路上行人欲断魂"写出了清明节追思怀人的悲伤,而晏殊提及清明时却是"笑从双脸生"的春日嬉游的欢乐。清明节,这样一个追念先人的悲伤的节日,时间却在万物萌发、生机勃勃的春天。乐与悲,生与死,共存于一个节日,你怎么看这样一个矛盾的清明节? 请你查阅相关材料,分析其原因。

【同学分享】

双 面 清 明
初 1706 班 程清如

杜牧曾写道"路上行人欲断魂",不难看出,清明是一个包含思念的悲伤节日;而晏殊又提出清明"笑从双脸生",是一个有生气的春日节日。既有祭扫新坟生离死别的悲酸泪,又有踏青游玩的欢笑声,清明节可谓是一个有着"双面性"的节日,这是怎么回事呢?

其实,这是因为现代清明节由古代两个不同的节日——寒食节和上巳节,再加上清明这一节气融合演化而来。清明最早只是一种节气的名称而已。

寒食节是中国古代的节日,传说是为纪念晋国的忠义之臣介子推而设立的,所以要禁止生火,吃寒食。而寒食节附近正值改火的时节,这天百姓人家不得举火,到了晚上宫中才点燃烛火,并将火种传到重臣家中。寒食节期间的习俗,最重要的就是禁火冷食和祭祖扫墓。由于清明距寒食节很近,人们还常常将扫墓延至清明。白居易就曾写道:"乌啼鹊噪昏乔木,清明寒食谁家哭。"到宋元,寒食节衰落,原本属于寒食节的扫墓等习俗,也就转移到了清明这个节气点上,构成今天清明节的习俗。

而上巳节俗称三月三,是先秦时期便有的节日,最初主要习俗为祓禊,是一个在水边进行的仪式,以祛除不利,求得吉祥。大约魏晋以后,上巳节出现在水边饮宴、郊外游春的习俗,这在《兰亭集序》中可见一斑。后来上巳节衰落,与上巳节有关的春日出游等习俗,逐渐与时间点接近的寒食、清明融合,人们在清明扫墓的同时,也伴之以踏青的活动。这也正如王维所说:"少年分日作遨游,不用清明兼上巳。"

因为时间相似而融和了两个节日的清明节,在宋元时期逐渐形成一个以寒食祭祖扫墓、上巳踏青等活动融合的节日,所以就有了现在我们熟知的清明节。如今我们不再禁火寒食,但仍然去给祖上扫墓,仍然踏青郊游。就是这样一个有着多种习俗的清明节,可以让我们了解和纪念寒食节与上巳节,并把它们传承下去。

清明,是悲伤沉思的节日,也是踏青游玩的节日。

【点评指导】

清明的双面性也正是我们在课堂上反复讨论的清明的"复调"——同时拥有"庆祝新生"和"慎终追远"两个相反且并行的主题。该同学结合所学,佐以诗文为证,先梳理了清明"慎终追远"与寒食节的关系,又梳理了清明"庆祝新生"与清明节气和上巳节的关系,层次清晰,阐述有条理,文字流畅。不过,如果能够引用一些专家的论著来佐证,或者列一点参考文献就更好了,更能增添文字的可信度,也有助于他人学习时"顺藤摸瓜"。

2.《增广贤文》中说道:"千万经典,孝义为先。"而介子推拒不下山,最终导致母亲和自己一同被烧死。介子推这种行为违背了孝道,但却被历代人推崇纪念。你怎么看待这件事?请写下你的思考。

【同学分享】

介子推的"孝"

初 1707 班　张皓宸

说起介子推,大多数人对他都不太陌生,可是要是读过《增广贤文》的人谈起他,可能就以他为"不孝"的代表了,可是在此,我想谈一下我对介子推这种做法的思考。

首先,我要先提一下关于介子推的历史。介子推帮助晋文公逃难,是忠义无比的重臣,曾在晋文公逃亡饥饿时,将自己腿上的肉割下来给晋文公吃。后来晋文公归晋,当上国君,论功封赏一众大臣,唯独落下了介子推。后经人提醒,才想起自己忘了这位以身食主的忠臣,遂派人去请,却得知介子推已抱老母亲上山隐居。晋文公先查山,后烧山,想逼出介子推,却始终没看到他出来,最后在一棵烧焦的柳树下,看到介子推和老母亲抱树而死。晋文公随后发现了介子推写的血诗:"割肉奉君尽丹心,但愿主公常清明。柳下作鬼终不见,强似伴君作谏臣。倘若主公心有我,忆我之时常自省。臣在九泉心无愧,勤政清明复清明。"晋文公在树下安葬了他们母子,将血诗带在身边,鞭策自己要勤政清明,并将放火烧山那天定为"寒食节"。

人在不同的年龄段可能对介子推的理解不同。我的观点就是:介子推的行为是一种比"家孝"更伟大的"国孝"。他母亲明明可以在军队查山时大喊一声,可为什么要与介子推一起抱树自焚呢?这是因为他母亲也明白,回去伴君"作谏臣",还不如在这柳树下作鬼。介子推,他割肉奉君"尽丹心"就是想让国君清明,国泰民安,他也知道如果回去,主公一定会奖赐他的,这违背了他的初衷,违背了他的意愿,他就是想用他与老母亲的死,来劝说晋文公,来劝谏他,让他"常自省""勤政复清明"。这比让他去随晋文公,作一个谏臣,要好得多。此外若晋文公真按他的想法去做,他在九泉之下也就"心无愧"了。事实证明,他的这种国孝,深深地感动了晋文公。介子推在用他的死、他的坚持,来换取国君的清正廉洁。晋国的国泰民安。也只有介子推的这种精神,才能得到晋文公及历代人的推崇、纪念。

【点评指导】

通过清明节专题的学习,该同学对介子推的史实和传说有了一定的了解。在此基础上,他从两个层次来论述了介子推的孝。其一是他抓住"孝"的对象"介子推母亲"的决定,认为介子推母亲都同意了和他一同抱树赴死,那么也就不存在介子推不孝一说。其二是他从"家孝"和"国孝"的观点入手,将介子推的"忠"转化为"国孝",从而从"家国"角度来论述介子推的孝是更高于普通的"家孝",是他受到历代人推崇的原因。全文思路清晰,论述也较为合理,有自己的观点、态度,对初一年级的学生来说,是一篇较好的文章。

综合实践

1. 班级或家庭组织就近祭扫烈士墓，或者孔子、鲁迅等先贤墓。祭扫时，留心看烈士或先贤的碑文。根据碑文内容写一则墓志铭。

小贴士

墓志铭是一种悼念性的文体。墓志铭一般由志和铭两部分组成。志主要记录逝者的姓名、籍贯、生平事略；铭主要是对逝者一生的评价。墓志铭在写作上的要求是叙事概要，语言温和，文字简约。撰写墓志铭，有两大特点不可忽视，一是概括性，二是独创性。

示例

启功墓志铭

中学生，副教授。博不精，专不透。名虽扬，实不够。高不成，低不就。瘫趋左，派曾右。面微圆，皮欠厚。妻已亡，并无后。丧犹新，病照旧。六十六，非不寿。八宝山，渐相凑。计平生，谥曰陋。身与名，一齐臭。

柳子厚墓志铭（节选）

子厚以元和十四年十一月八日卒，年四十七。以十五年七月十日归葬万年先人墓侧。子厚有子男二人，长曰周六，始四岁；季曰周七，子厚卒乃生。女子二人，皆幼。其得归葬也，费皆出观察使河东裴君行立。行立有节概，重然诺，与子厚结交，子厚亦为之尽，竟赖其力。葬子厚于万年之墓者，舅弟卢遵。遵，涿人，性谨慎，学问不厌。自子厚之斥，遵从而家焉，逮其死不去。既往葬子厚，又将经纪其家，庶几有始终者。

马丁·路德·金墓志铭

我自由了！感谢万能的主，我终于自由了！

【同学分享】

"有吕武之才，无吕武之恶。"

秋正浓，枫正红，红颜易老，君心莫测。

开宝元年五月八日生，明道二年三月卒，凤霸九州，谥四字，章献明肃皇后。出于寻常家，蜀中没落，游迹天下。至十五，一生欢喜皆入襄王府。有伴常守，庭前花开花落，及入宫，朱墙森森，深院清秋。

尔虞我诈知何复，可怜君王一人心。

回眸一笑百媚生，腹有诗书胸有志。

借生皇子非无德,终成皇后常助帝。

帝王家乃不归路,朝仍欢颜暮已去。

元年二月飘飞絮,絮絮犹如哀君泪。

女主临朝孰是非,功过且留后世评。

太后之身非武皇,不是刘皇做不得。

天机命前衮服亦,终归一颗慈母心。

海晏河清盛世至,只愿清平世间享。

雨骤风狂又何妨,幕帘后有刘娥像。

(初 1706 班　徐方来)

【点评指导】

　　该同学以大宋章献明肃皇后刘娥为书写的对象,引历史"有吕武之才,无吕武之恶"的评价来作为墓志铭的开头,奠定基调。此外,该同学注重概括刘娥的个人生平和事迹,用整齐的语言展开叙述,形式新颖,有自己的独创性。全文用词雅致,富有文采,看得出该同学平时在古诗文方面有丰富的积累和独特的感受。

　　2. 清明是沉重的,是追怀先贤,是无限哀思;清明又是明朗的,是春回大地,是生命焕然一新。自唐宋以来,清明除了祭扫追思,还有踏春嬉游。比如放风筝、拔河、斗草、蹴鞠、打马球、荡秋千等都是旧时清明节的节俗活动。

　　古时,人们认为将美好的祝福写在风筝上,然后把风筝高高放飞,就有机会让上天知晓,以求愿望实现。今天,我们虽知这是不科学的,但是这种对美好与希望的期盼却是古今共通的。请你设计一个风筝,为自己的风筝选择一个图案,并在风筝上写一首三行诗,表达你对春日新生与希望的美好希冀。注意文辞优美,饱含新生与希望。

小贴士

三行诗是微型诗歌,是独立的文学样式,一般是三行,不超过 30 字,古今皆有。

注意:不能为了三行而三行,要写得有节奏、韵律和诗意。

示例

档　案

麦　芒

白纸。黑字

一堆

醒着的历史

月

蔡培国

一条银色的扁担

这端天涯　那端

故乡

忆

邓芝兰

一枝很瘦的往事

有幽香

来自淡淡的故人

清华附中

谈子佳

他们不曾知道

我在"清华附中站"下车的

骄傲

【同学分享】

《希望》
小苗从土里冒出
又是
一个新的希望

初 1707 班　杨芷浩

【点评指导】

　　破茧成蝶的风筝图样,是希望;春日,从地里冒出的嫩芽,也是希望。这位同学用清新自然的语言,去掉过多的修饰和复杂的意象,将目光聚焦在一株初春的新草上,用浅草春生寓意希望诞生。读来清新可爱,浅白而有韵味。

⊙ 端午节

生活中的节日

节日由来

每年的农历五月初五是中国传统节日端午节。端午节又叫端午、端阳节等。在传统社会的民间生活里,端午节主要是避瘟保健的"卫生节"。后来纪念爱国诗人屈原和伍子胥等内容也进入端午节节俗体系中,这对端午节的习俗和地位有着很大的影响。到今天,端午节又常被叫作"诗人节""粽子节""龙舟节"等等。这些都展现出了历经千年岁月的古老节日,在今天仍旧有很强的生命力。2009 年,端午节被列入人类非物质文化遗产名录,成为全人类共享的文化财富。

端午节最早与五月初五联系起来的文献记载见于晋人周处的《风土记》。其记载:"仲夏端午,烹鹜角黍。端,始也,谓五月初五日也。"据著名民俗学者萧放研究指出:端午节的习俗与夏至有关。在人文节日端午节形成之前,夏季的节俗主要集中在夏至。端午节出现后,夏至的时间节点意义逐渐削弱,但是端午节的核心仍旧是人们对夏至时节的时间体验。随着岁时节日体系的发展和完善,端午节逐渐取代了夏至,夏至的节俗功能和内容也大都转移到了端午节上。

关于端午节的起源,除了上文所述源于夏至节俗,还有纪念屈原说、纪念伍子胥说和龙的节日说。纪念屈原说被广泛采用,相关记录最早见于南朝。吴均《续齐谐记》记录:"屈原五月五日,自投汨罗而死,楚人哀之,至此日以竹筒贮米,投水祭之。"纪念伍子胥说则主要流行于江浙地区。伍子胥,春秋时期楚国人。其父、兄遭楚平王杀害后,他投奔吴国,帮助吴王阖闾成就霸业打败楚国。后吴王夫差打败越国,骄傲轻敌,伍子胥力劝,却遭太宰伯嚭进谗言。于是夫差赐"属镂"剑令伍子胥自刎,并将伍子胥尸体扔到江中。伍子胥含冤死后,传说变成了"波涛之神",江浙百姓每逢端午便要在江边祭祀,以纪念伍子胥。龙的节日说源于近代,是闻一多先生在《端午考》和《端午节的历史教育》中提出的。

节日习俗

端午节习俗众多,究其内涵可主要分为避瘟保健、纪念先贤和家庭人伦三方面的内容。

端午节是中国传统社会的"卫生节",因为时处仲夏湿热时节,易生疫症,故而民间多采取各种措施来避瘟保健。其具体表现为：①端午节在门口悬挂艾草，饮用菖蒲酒。②佩戴五色丝线制成"端午索"，也就是苏轼《浣溪沙·端午》所说"彩线轻缠红玉臂"，意在驱邪避疫，保全康健。③采杂药，民间认为端午是采药的最佳时期。

端午节又叫诗人节、龙舟节和粽子节，这都与纪念先贤屈原有关。萧放在其研究中指出：南方楚越之地素有祭祀水神的传统，夏至时节飞舟竞渡、饭食投江意在祭祀水神，祈求平安。而夏至的衰落使得这些节俗都转移到端午，水神也变成了爱国先贤屈原。端午节吃粽子相传为纪念屈原，屈原故里秭归在制作端午粽时会包上一颗红枣，以此象征屈原的赤胆忠心。龙舟竞渡起源于南方水乡的古老信仰，具有巫术信仰意义。后来屈原传说融入后，才有了纪念屈原的含义。随着节日的不断发展，龙舟竞渡从信仰表达到纪念先贤，变成了后代端午节重要的娱乐竞技活动。

名家眼中的节日

端午的鸭蛋

汪曾祺[①]

家乡的端午，很多风俗和外地一样。系百索子。五色的丝线拧成小绳，系在手腕上。丝线是掉色的，洗脸时沾了水，手腕上就印得红一道绿一道的。做香角子。丝线缠成小粽子，里头装了香面，一个一个串起来，挂在帐钩上。贴五毒。红纸剪成五毒，贴在门坎上。贴符。这符是城隍庙送来的。城隍庙的老道士还是我的寄名干爹，他每年端午节前就派小道士送符来，还有两把小纸扇。符送来了，就贴在堂屋的门楣上。一尺来长的黄色、蓝色的纸条，上面用朱笔画些莫名其妙的道道，这就能辟邪么？

喝雄黄酒。用酒和的雄黄在孩子的额头上画一个王字，这是很多地方都有的。有一个风俗不知别处有不：放黄烟子。黄烟子是大小如北方的麻雷子的炮仗，只是里面灌的不是硝药，而是雄黄。点着后不响，只是冒出一股黄烟，能冒好一会儿。把点着的黄烟子丢在橱柜下面，说是可以熏五毒。小孩子点了黄烟子，常把它的一头抵在板壁上写虎字。写黄烟虎字笔画不能断，所以我们那里的孩子都会写草书的"一笔虎"。

还有一个风俗，是端午节的午饭要吃"十二红"，就是十二道红颜色的菜。十二红里我只记得有炒红苋菜、油爆虾、咸鸭蛋，其余的都记不清，数不出了。也许十二红只是一个名目，不一定真凑足十二样。不过午饭的菜都是红的，这一点是我没有记错的，

---

① 汪曾祺(1920—1997)，当代作家、散文家、戏剧家，京派作家的代表人物。

而且,苋菜、虾、鸭蛋,一定是有的。这三样,在我的家乡,都不贵,多数人家是吃得起的。

我的家乡是水乡。出鸭。高邮大麻鸭是著名的鸭种。鸭多,鸭蛋也多。高邮人也善于腌鸭蛋。高邮咸鸭蛋于是出了名。我在苏南、浙江,每逢有人问起我的籍贯,回答之后,对方就会肃然起敬:"哦!你们那里出咸鸭蛋!"上海的卖腌腊的店铺里也卖咸鸭蛋,必用纸条特别标明"高邮咸蛋"。

高邮还出双黄鸭蛋。别处鸭蛋也偶有双黄的,但不如高邮的多,可以成批输出。双黄鸭蛋味道其实无特别处。还不就是个鸭蛋!只是切开之后,里面圆圆的两个黄,使人惊奇不已。

我对异乡人称道高邮鸭蛋,是不大高兴的,好像我们那穷地方就出鸭蛋似的!不过高邮的咸鸭蛋,确实是好,我走的地方不少,所食鸭蛋多矣,但和我家乡的完全不能相比!曾经沧海难为水,他乡咸鸭蛋,我实在瞧不上。袁枚的《随园食单·小菜单》有"腌蛋"一条。袁子才这个人我不喜欢,他的《食单》好些菜的做法是听来的,他自己并不会做菜。但是《腌蛋》这一条我看后却觉得很亲切,而且"与有荣焉"。文不长,录如下:

腌蛋以高邮为佳,颜色细而油多,高文瑞公最喜食之。席间,先夹取以敬客,放盘中。总宜切开带壳,黄白兼用;不可存黄去白,使味不全,油亦走散。

高邮咸蛋的特点是质细而油多。蛋白柔嫩,不似别处的发干、发粉,入口如嚼石灰。油多尤为别处所不及。鸭蛋的吃法,如袁子才所说,带壳切开,是一种,那是席间待客的办法。平常食用,一般都是敲破"空头"用筷子挖着吃。筷子头一扎下去,吱——红油就冒出来了。高邮咸蛋的黄是通红的。苏北有一道名菜,叫作"朱砂豆腐",就是用高邮鸭蛋黄炒的豆腐。我在北京吃的咸鸭蛋,蛋黄是浅黄色的,这叫什么咸鸭蛋呢!

端午节,我们那里的孩子兴挂"鸭蛋络子"。头一天,就由姑姑或姐姐用彩色丝线打好了络子。端午一早,鸭蛋煮熟了,由孩子自己去挑一个,鸭蛋有什么可挑的呢?有!一要挑淡青壳的。鸭蛋壳有白的和淡青的两种。二要挑形状好看的。别说鸭蛋都是一样的,细看却不同。有的样子蠢,有的秀气。挑好了,装在络子里,挂在大襟的纽扣上。这有什么好看呢?然而它是孩子心爱的饰物。

鸭蛋络子挂了多半天,什么时候孩子一高兴,就把络子里的鸭蛋掏出来,吃了。端午的鸭蛋,新腌不久,只有一点淡淡的咸味,白嘴吃也可以。

孩子吃鸭蛋是很小心的。除了敲去空头，不把蛋壳碰破。蛋黄蛋白吃光了，用清水把鸭蛋壳里面洗净，晚上捉了萤火虫来，装在蛋壳里，空头的地方糊一层薄罗。萤火虫在鸭蛋里一闪一闪地亮，好看极了！

小时读囊萤映雪故事，觉得东晋的车胤用练囊盛了几十只萤火虫，照了读书，还不如用鸭蛋壳来装萤火虫。不过用萤火虫照亮来读书，而且一夜读到天亮，这能行么？车胤读的是手写的卷子，字大，若是读现在的新五号字，大概是不行的。

母亲的粽子

陈亦权

那天接到友人短信，翻开一看是"端午节快乐"几个字，这才猛然间想起，又是一个端午节到了，要吃粽子了！细细想来，已经有好些年没有品尝粽子的滋味了。

小时候每到端午，母亲会先将粽叶和粽线准备好。家乡少竹，村里仅有的几株细竹种在村边的小溪滩上，枝细叶碎，顶多只能供村人砍根把钓鱼或做牛鞭子用，而要裹粽子是派不上什么用场的，所以家乡的粽叶都是从外面贩来的。至于粽线，最好的东西应该是棕榈叶了，不仅牢固结实而且暗溢清香。在端午的前一天，母亲将粽叶泡进水里，另将糯米也用冷水浸泡起来，然后到种有棕榈树的人家那里去剪一些棕榈叶，再撕成细线状。到第二天取出糯米、粽叶，沥去水分后才开始裹粽子。一只粽子一般都要用两三张粽叶，先取一张粽叶折出一角，铺进一些糯米后再放进猪肉、佛豆等佐料，接着再添一些糯米进去，然后加上一两张粽叶裹紧，缠上棕榈线绑紧就可以了。母亲还会另外准备一些香烟般长短的麦秆，那是因为母亲除了要裹肉粽外还要裹甜粽。肉粽基本上是用猪肉和佛豆之类，而甜粽则要丰富许多，赤豆沙、板栗、地瓜等等都可以，风味各异。家人多以咸食为主，偏我独爱甜食，所以母亲总是会特地为我裹一些甜粽子。在裹甜粽子的时候，母亲就会在外面添一支麦秆上去，这样就可以区别出来哪些是咸的哪些是甜的了。

粽子一般都是四只角的。在我的记忆里，母亲除了会裹普通的四角粽外，还会裹三角粽。每次裹粽子时，母亲总是会将最后剩下的几斤糯米用来裹一些三角粽，三角粽的个头很小，几乎只有半个拳头那么大。三角粽的原料和四只角的是一样的，可吃起来的感觉却似乎有很大的区别，尤其是吃那几个角的时候，细细的，很容易塞进嘴巴里去，一口咬下去，连嘴唇都可以不碰到粽子，嚼起来除了好吃还很好玩。或许正是因为这个吧，我特别喜欢吃三角粽。现在想起来，这大概是因为小孩子对零食特有的偏爱吧！尽管那时候没什么零食的概念，但是三角粽那小个头和奇特的外观，或许正是满足了小孩子在潜意识里对零食的渴求。

端午节这天，老家一带的风俗是不烧晚饭的，光吃粽子。我家当然也是一样，母亲能把时间扣得很牢，基本上在傍晚前能将粽子裹好并且下锅煮了。小时候家里的灶头是砖土砌的，锅也很大，一锅可以煮很多。母亲习惯取一些干的稻秆用水淋湿后垫在锅底，然后再放入粽子，加满水，这才开始坐到灶下生火烧。母亲煮粽子的时候，似乎不像裹粽子时那么认真，总是一边逗着我玩一边烧火，但是她动辄往灶孔里扫去的目光让我感觉到母亲的专注。煮粽子的时候总是让人觉得时间过得特别慢，阵阵夹杂着粽叶、棕榈叶、糯米、稻秆等香味的热气从锅盖的边沿冒出来，四下飘散开来，让人舍不得走远半步，生怕一走开粽子就熟了似的。母亲看到我这样的神情，总会催促我出去玩一会儿。母亲说小孩子不能站在锅子旁等吃的，否则长不大，即便长大了也没出息。而我则带着宁信其有、不信其无的心态出去找小伙伴去玩。不知道是因为大家几乎都在同一个时候煮粽子，还是我实在太挂念母亲在煮的粽子了，我感到无论走到哪个弄堂小巷，到处都飘散着淡淡的粽香。

尽管惦念着家里的粽子，但是小孩子一玩起来总是一下子就忘记时间的，等我回到家的时候，母亲往往已经把粽子煮熟了。母亲煮熟粽子后总会先取两三个三角粽出来，放在一边凉却。这粽子凉却哪有这么快啊？外面看似不太热了，里面还烫着呢！我每次都是迫不及待地剥开来往嘴巴里塞，一口咬下去，烫得张大嘴巴哇哇直叫。已经放学归来的哥哥姐姐则幸灾乐祸地在一旁看着我，坏坏地笑着。吃热粽子对我来说，只是一时的新鲜而已。其实，我更喜欢吃冷粽子。粽子煮熟后，母亲会把粽子连水储进大缸，这样粽子的水分不仅不会散发掉，而且还能使糯米更加充分地吸收粽叶和稻秆的香味，尤为重要的是，可以延长粽子的保质期。冷粽子因为不再烫人，所以能更加清晰仔细地品味其中的味道。所有的香味里最特别的当属稻秆的香味了。稻子长在夏季收在夏季，本已带有很浓的太阳气，而且割下后还暴晒过，太阳气就更浓郁了。煮过后的稻秆会把这些气味融进水里，渗进粽子里，带着这香味的粽子是我在任何地方都没有吃到过的。直到前些年，我在杭州吃到了一款"稻香子排"的菜，其制作过程就与母亲的粽子颇有几分相似之处，只是添加的调料似乎太多了些，使这天然的太阳气有些失真了。

长大后终日忙于生计，端午节的概念也逐渐在脑海里失去原本动人的色彩，而母亲也已早早地离我而去。又是一个端午节，妻子很贤惠地买了几斤糯米和粽叶说要裹粽子,结果捣鼓了半天,终究还是以失败告终,最后不得不倒入电饭煲扎扎实实地煮了一锅糯米饭,这才避免了将这些糯米倒入垃圾桶的惨局。吃着妻子做的糯米饭,我突然想,母亲,又何尝不是我记忆中的粽子,用香糯人生为我包裹了整个童年的美好记忆?

端　午　日

沈从文[①]

端午日,当地妇女、小孩子,莫不穿了新衣,额角上用雄黄蘸酒画了个王字。任何人家到了这天必可以吃鱼吃肉。上午11点钟左右,全茶峒人就吃了午饭。把饭吃过后,在城里住家的,莫不倒锁了门,全家出城到河边看划船。河街有熟人的,可到河街吊脚楼门口边看,不然就站在税关门口与各个码头上看。河中龙船以长潭某处作起点,税关前作终点,作比赛竞争。因为这一天军官、税官以及当地有身份的人,莫不在税关前看热闹。划船的事各人在数天以前就早有了准备,分组分帮,各自选出了若干身体结实、手脚伶俐的小伙子,在潭中练习进退。船只的形式,和平常木船大不相同,形体一律又长又狭,两头高高翘起,船身绘着朱红颜色长线。平常时节多搁在河边干燥洞穴里,要用它时,才拖下水去。每只船可坐12个到18个桨手,一个带头的,一个鼓手,一个锣手。桨手每人持一支短桨,随了鼓声缓促为节拍,把船向前划去。带头的坐在船头上,头上缠裹着红布包头,手上拿两支小令旗,左右挥动,指挥船只的进退。擂鼓打锣的,多坐在船只的中部,船一划动便即刻嘭嘭铛铛把锣鼓很单纯地敲打起来,为划桨水手调理下桨节拍。一船快慢既不得不靠鼓声,故每当两船竞赛到激烈时,鼓声如雷鸣,加上两岸人呐喊助威,便使人想起小说故事上梁红玉老鹳河水战时擂鼓的种种情形。凡是把船划到前面一点的,必可在税关前领赏,一匹红布、一块小银牌,不拘缠挂到船上某一个人头上去,都显出这一船合作努力的光荣。好事的军人,当每次某一只船胜利时,必在水边放些表示胜利庆祝的500响鞭炮。

赛船过后,城中的戍军长官,为了与民同乐,增加这个节日的愉快起见,便派士兵把30只绿头长颈大雄鸭,颈脖上缚了红布条子,放入河中,尽善于泅水的军民人等,自由下水追赶鸭子。不拘谁把鸭子捉到,谁就成为这鸭子的主人。于是长潭换了新的花样,水面各处是鸭子,同时各处有追赶鸭子的人。

船和船的竞赛,人和鸭子的竞赛,直到天晚方能完事。

---

① 沈从文(1902—1988),现代作家、历史文物研究者。

端午读屈原

橘 颂

屈 原[①]

后皇嘉树,橘徕服兮[②];

受命不迁,生南国兮[③]。

深固难徙,更壹志兮;

绿叶素荣,纷其可喜兮!

曾枝剡棘,圆果抟兮[④];

青黄杂糅,文章烂兮。

精色内白,类任道兮[⑤];

纷缊宜修[⑥],姱而不丑兮!

嗟尔幼志,有以异兮;

独立不迁,岂不可喜兮!

深固难徙,廓其无求兮;

苏世独立,横而不流兮[⑦]。

闭心自慎,终不失过兮[⑧];

秉德无私,参天地兮。

愿岁并谢[⑨],与长友兮;

淑离不淫,梗其有理兮[⑩]。

年岁虽少,可师长兮;

行比伯夷,置以为像兮[⑪]。

注释

① 屈原(约公元前 340—公元前 278),战国时期楚国诗人、政治家。

② 后皇:即后土、皇天,指地和天。嘉:美,善。橘徕服兮:橘适宜南方水土。徕:通"来"。服:习惯。

③ 受命:受天地之命,即禀性,天性。

④ 曾枝:繁枝。剡棘:尖利的刺。抟:通"团",圆圆的。

⑤ 精色:鲜明的皮色。类任道兮:就像抱着大道一样。类:像。任:抱。

⑥ 纷缊宜修:长得繁茂,修饰得体。

⑦ 苏：苏醒，指的是对浊世有所觉悟。横而不流：横立水中，不随波逐流。

⑧ 闭心：安静下来，戒惧警惕。失过：即"过失"。

⑨ 愿岁并谢：誓同生死。岁：年岁。谢：死。

⑩ 淑离：美丽而善良自守。离：通"丽"。梗：正直。

⑪ 置：植。像：榜样。

参考译文

你天地孕育的橘树哟，生来就适应这方水土。

禀受了再不迁徙的使命，便永远生在南楚。

你扎根深固难以迁移，立志是多么的专一。

叶儿碧绿花儿素洁，意态又何其缤纷可喜。

层层树叶间虽长有刺，果实却结得如此圆美。

青的黄的错杂相映，色彩哟简直灿若霞辉。

你外色精纯内瓤洁白，正如堪托大任的君子。

气韵芬芳仪度潇洒，显示着何其脱俗的美质。

赞叹你南国的橘树哟，幼年立志就与众迥异。

你独立于世不肯迁移，这志节岂不令人欣喜。

你扎根深固难以移徙，开阔的胸怀无所欲求。

你疏远浊世超然自立，横耸而出决不俯从俗流。

你坚守着清心谨慎自重，何曾有什么罪愆过失。

你那无私的品行哟，恰可与天地相比相合。

我愿在众卉俱谢的岁寒，与你长作坚贞的友人。

你秉性善良从不放纵，坚挺的枝干纹理清纯。

即使你现在年岁还轻，却已可做我钦敬的师长。

你的品行堪比伯夷，将永远是我立身的榜样。

《屈原贾生列传》节选

司马迁①

屈原至于江滨，被②发行吟泽畔。颜色憔悴，形容枯槁。渔父③见而问之曰："子非三闾大夫欤④？何故而至此？"屈原曰："举世混浊而我独清，众人皆醉而我独醒，是以见放⑤。"渔父曰："夫圣人者，不凝滞于物而能与世推移⑥。举世混浊，何不随其流而扬其波？众人皆醉,何不哺其糟而啜其醨⑦？何故怀瑾握瑜而自令见放为⑧?"屈原曰:"吾闻之,新沐者必弹冠,新浴者必振衣,人又谁能以身之察察⑨,受物之汶汶⑩者乎！宁赴常流而葬乎江鱼腹中耳,又安能以皓皓之白而蒙世俗之温蠖⑪乎！"

注释

① 司马迁(公元前145—不可考),西汉史学家、散文家。

② 被:通"披"。

③ 渔父:捕鱼者,渔翁。

④ 三闾大夫:职官名,本文中代指屈原,因他曾任此职。

⑤ 见放:被放逐。

⑥ 凝滞:拘泥。推移:变迁,转易。

⑦ 哺:吃,食。糟:未清带滓的酒。啜:尝,饮。醨:薄酒。

⑧ 瑜、瑾:都是美玉名。此处以喻高尚的品德。

⑨ 察察:清白,高洁。

⑩ 汶汶:污垢,污辱。

⑪ 温蠖:尘渣重积的样子。

参考译文

屈原到了江滨,披头散发,在水泽边一面走,一面吟咏着。脸色憔悴,形体面貌像枯死的树木一样毫无生气。渔父看见他,便问道:"您不是三闾大夫吗？为什么来到这儿?"屈原说:"整个世界都是混浊的,只有我一人清白;众人都沉醉,只有我一人清醒。因此被放逐。"渔父说:"聪明贤哲的人,不受外界事物的束缚,而能够随着世俗变化。整个世界都混浊,为什么不随大流而且推波助澜呢？众人都沉醉,为什么不吃点酒糟,喝点薄酒？为什么要怀抱美玉一般的品质,却使自己被放逐呢?"屈原说:"我听说,刚洗过头的一定要弹去帽上的灰沙,刚洗过澡的一定要抖掉衣上的尘土。谁能让自己清白的身躯,蒙受外物的污染呢？宁可投入长流的大江而葬身于江鱼的腹中,又哪能使自己高洁的品质,去蒙受世俗的尘垢呢?"

屈原作品名句

路漫漫其修远兮,吾将上下而求索。　　　　　　　　　　　　　　　(《离骚》)

参考译文:前面的路漫长而又遥远,我要上天下地寻找真知。

长太息以掩涕兮,哀民生之多艰。　　　　　　　　　　　　　　　　(《离骚》)

参考译文:长长地叹息着擦拭眼泪啊,哀叹这人生多么艰难。

亦余心之所善兮,虽九死其犹未悔。　　　　　　　　　　　　(《离骚》)

参考译文:这些都是我衷心之所爱,即使九死也不会后悔。

日月忽其不淹兮,春与秋其代序。惟草木之零落兮,恐美人之迟暮。　(《离骚》)

参考译文:时光匆匆一刻不停留,春天秋天轮流替代。想到草木已凋零陨落,我担心美人年老色衰。

举贤而授能兮,循绳墨而不颇。　　　　　　　　　　　　　(《离骚》)

参考译文:选拔贤才,把职务授给有才能的人,就像木匠遵循着绳墨而不会偏斜。

与天地兮比寿,与日月兮同光。　　　　　　　　　　　　(《九章·涉江》)

参考译文:和天地一样长寿,和日月一样光灿。

吾不能变心以从俗兮,固将愁苦而终穷。　　　　　　　　(《九章·涉江》)

参考译文:我不能改变心志去随波逐流,就只能穷愁潦倒终生。

余将董道而不豫兮,固将重昏而终身。　　　　　　　　　(《九章·涉江》)

参考译文:我要坚持正道而毫不犹豫,当然那将使我一生遭难不见光明。

苟余心之端直兮,虽僻远其何伤。　　　　　　　　　　　(《九章·涉江》)

参考译文:如果我的心是正直的,即使身处穷乡僻壤又有什么关系呢。

鸟飞返故乡兮,狐死必首丘。　　　　　　　　　　　　　(《九章·哀郢》)

参考译文:鸟儿高飞终要返回旧巢,狐狸死时头一定向着狐穴所在的方向。

悲莫悲兮生别离,乐莫乐兮新相知。　　　　　　　　　(《九歌·少司命》)

参考译文:悲伤莫过于活生生的离别,快乐莫过于新结了好相识。

身既死兮神以灵,魂魄毅兮为鬼雄。　　　　　　　　　　(《九歌·国殇》)

参考译文:身躯虽已死去,但精神永不磨灭,你们的魂灵永远是鬼界中的英雄。

目极千里兮,伤心悲。　　　　　　　　　　　　　　　　　(《招魂》)

参考译文:双眼看着千里之外的故土,伤心悲痛。

读　屈　原

梁　衡 [①]

薄暮冥冥,我在昏黄的灯光下一遍又一遍地读你的《涉江》。心灵的底片便慢慢地洇染上一层层殷红,渐深的暮色也仿佛笼上一层悲戚的色泽。那神奇瑰丽的想象连同汨罗江畔孤独清高的身影,深深地攫住了我的心。

---

① 梁衡,当代学者、新闻理论家、作家。

　　这是一篇百读不厌的千古名篇。每次阅读,总有一种感动淹没我的心。你也如横空而过的一颗流星,闪烁着凄凉的美丽,划过我的心空。曾在一个落寞而寂寥的深夜,入梦般地想象一颗孤独的灵魂在汨罗江畔或是高峻蔽日的深山之中伴随着自己高远的理想怎样孤独地漫游。如血般的残阳拉长了你的身影,陪伴你的只是猿猴啼血般的哀鸣。但你只将凝聚着的忧愤的血泪以及自己远大的理想抱负从自己的心灵流出,让一个去国离乡之人苦难生活的点点滴滴颤动于笔尖,化为一篇篇瑰美绮丽的文字,流芳千古……

　　此刻,你的足音正姗姗向我走来,走向千年之后的今夜,走向寒露沾襟的今夜,走向我阅读的今夜,走向我审视自己灵魂的今夜! 依旧是那阵秋冬的绪风,依旧是那般凄寒,你是否依旧一步一回头地望着你的家乡,望着你的祖国? 你是否依旧在汨罗江畔执着地守望,守望着能回到祖国,再为祖国贡献出自己的一切? 那么,又会有谁能彻悟你凝固在深山之中的沉痛? 如果说,生命的过程恰好是从激越走向安详;如果说,人生的岁月必定是从绚烂走向平淡,那么,你真的走得一路安详吗? 你那伟大的思想及远大的理想都随滔滔不息的汨罗江水一同远逝了吗? 或许,我们只能在那空蒙浩瀚的疏星中读到你的消息,只能从那瑰奇绚丽的篇章中读懂你的思想,读懂你那颗忧郁而滚烫的爱国心,读懂你那种长存于尘世间的顶天立地的精神。而这一切,已经足够了……

　　虔读你的一腔热忱,遥想你短暂一生的苦难历程,我一直都相信你是借文章来抒写自己苍凉的人生! 文章中那悲愤、抑郁的倾诉,不都寄寓了你深缩于心的血泪,情浓于心的忠贞吗? 每回在嘈杂喧嚣的生活中静下心来,汨罗江畔的呼声就萦绕于耳畔,回响于心际,让我不自觉地以此来观照自己。在这个被言情武打以及各种光怪陆离的书籍杂志充斥的社会,是你在时时提醒我,记着仍浮沉于人世的另一种人生。那些我们时不时就可遭遇的人,不都是在以类似于你的方式在日渐冷漠的街巷里蹀躞吗?

　　你因《离骚》而不朽,这或许是你不幸的一生中最大的幸运——虽然这是千年以后的事。这也让我想起了许许多多同你一样遭际不幸的生命,他们生命中那些闪光的东西却不为人知。现代被言情武打、卡通漫画宠坏了的眼睛是不屑于咀嚼这些倾诉的。由此,我也常常在阅读你之余,掬一捧清泪,为那些无声消逝了的生命。在光影斑驳的现代社会,固守住我生命里那些最为本真的东西,真的希望你一直都未曾远离我们。或许,你正踏着滔滔江水,穿越千年尘世的风霜,在世界的某个角落远远地注视着我们这群现代人。

淡水河边吊屈原

余光中①

青史上你留下一片洁白，
朝朝暮暮你行吟在楚泽。
江鱼吞食了二千多年，
吞不下你的一根傲骨！

太史公为你的投水太息，
怪你为什么不游宦他国？
他怎知你若是做了张仪，
你不过流为先秦一说客！

但丁荷马和维吉尔的史诗
怎撼动你那悲壮的楚辞？
你的死就是你的不死：
你一直活到千秋万世！

悲苦时高歌一节《离骚》，
千古的志士泪涌如潮；
那浅浅的一湾汨罗江水，
灌溉着天下诗人的骄傲！

子兰的衣冠已化作尘土，
郑袖的舞袖在何处飘舞？
听！
急鼓！可爱的三闾大夫！
滩滩的龙舟在为你竞渡！

我遥立在春晚的淡水河上，
我仿佛嗅到湘草的芬芳；

①　余光中（1928—2017），当代作家、诗人、学者、翻译家。

我怅然俯吻那悠悠的碧水，

它依稀流着楚泽的寒凉。

1951 年

诗词话端午

清华附中清兰书法社学员习作

（初 1507 班　许可　书写）

清华附中西园诗社吟唱学习视频

橘颂

学 习 任 务

一、书法练习。请用你擅长的字体将《橘颂（节选）》这首诗写成一幅书法作品。

二、批注留念。边读书，边批注。挑选一则最满意的批注，写入下表。

摘　　录	批　　注

三、以读导写。任选一题完成。

1. 端午节的习俗中有吃粽子、赛龙舟、系五彩络子、喝雄黄酒等。这些习俗中，蕴含了中国人的情感和文化。你经历过哪些习俗？最喜欢哪些习俗？请写出你曾经经历的那些习俗的场面。

【同学分享】

六月的晨光飘落在我脸上,夏蝉的吟唱把我从昨宵好梦当中唤醒。艾叶在空气中浮荡的芬芳告诉我,端午的歌谣已经开始传唱。

夏风将我带到那盈满清香的厅堂,母亲和阿姨的手中缠绕着一缕缕的彩线,熟练地将长长的粽叶从水中轻轻拿起。她们将粽叶卷成圆锥形,再从白瓷水盆中捻起一撮醉醺醺的米,填到圆锥里。

缠绵的糯米香气与粽叶的清香绕在一起,奏起一首属于端午的歌谣。妈妈包甜粽,有的只放豆沙,有的还添颗红枣。阿姨包咸粽子,小心翼翼地将已经调好的猪肉放一小块在粽子中,又在上面撒上糯米,盖在肉上。妈妈和阿姨的手紧紧捏着盛满馅的粽叶,一根或黄或紫的彩线紧紧绕过,缠两圈,系住,便成了一个精巧的四角粽子。

粽子在锅中咕噜咕噜响,唱起端午最贴切的唱腔。粽香在氤氲的水汽中发酵,飘荡在我的鼻尖,一次次地敲击着我的心房。我不禁咽了口口水,妈妈却笑着摸着我的头,告诉我要耐心等。

天光璀璨,已值正午。

粽子已被妈妈和阿姨盛在了一尘不染的白盘中。我兴奋地拆开了一个小东西。青绿的粽叶透着光,那诱人的绿色已被微微染在四面懒惰的糯米上。咬开第一口清香,接下来就是被豆沙染红的甜糯。端午的歌谣又轻响,在染着糯香的豆沙里酝酿……

每年端午,我都会吃粽子。可吃了这么多粽子,却只有家人一起包的粽子才有味道。我想,大概是多了一种叫"亲情"的调味剂吧。

夏日即将到来,端午的歌谣再响。沉淀在水汽中的粽香飘荡,轻轻叩响我的心房……

(初 1702 班　黄维辰)

【点评指导】

端午节,又叫粽子节、诗人节。该同学的端午记忆里,充满了粽子的香气,夹杂着动人的歌谣和艾叶的芬芳,也许传承就在这一阵阵令人魂牵梦绕的香气里。除却香气,该同学还围绕着包粽子、煮粽子、吃粽子等内容,展开对端午节回忆的描摹,指出端午佳节与家人在一起的和美,才是端午粽子最美味的调味剂。总体而言,本文文笔细腻,层次清晰,措辞优美,抒情自然,是一篇不错的短文。

2. 屈原一生的起伏,和楚怀王、楚顷襄王、公子子兰、靳尚、郑袖、张仪这几个人有密切的关系。根据你阅读本专题后对屈原的进一步了解,再查阅资料,了解屈原和这几个人之间发生的故事。最后请你根据这些史实,充分发挥想象,确定一个朝堂或宴会等的场景,写一个屈原的故事。

【同学分享】

周赧王四年,楚怀王设宴宫中,众臣宠妃皆至。宫中满目琳琅、莺燕交织,金玉声响清脆入耳。金锦屏后倚着一人,其名郑袖,乃怀王宠妃。其着五彩锦衣,钗环摇坠,手把小扇,静立于殿后。

"那张仪可去了?"她询到,一双眼微微眯起。"已到了秦国。"身边宫人答道,"您大可放心。"郑袖微勾嘴角,前几日靳尚来访,称秦因张仪不归而将送一美人公主前来和亲,人道那公主面若桃花,能歌善舞,必讨怀王宠爱,挤压郑袖。袖遂妒心大起,劝怀王将张仪送回秦国。如今所忧已除,她才放下心来,玩弄起桌上的玉盏来。

"闻大王释张仪,臣以为,此是良策!拘张仪,秦必怒,天下见楚国失秦,必轻楚,楚自危矣!"靳尚正色道,目视怀王,眼露诚心,却不晓早收了张仪之贿。

怀王得意,一晃头,一捋须,与众人饮起酒来。"靳大人言之在理,大王此举英明!"一人奉承道,目如鼠小,躬如媚狸。

"大王英明!"众臣皆跪,或作媚态,或不敢抬首,汗如雨落。怀王微微点头,放声朗笑,目光却不慎落在一人身上。

"屈子为何不跪?"他斜眼挑眉道,"可是孤此举有错?"

"大王!"屈原声色俱厉,吐字如雷落惊天。靳尚见其剑眉星目,气势凛然,讽刺之语竟停在嘴边。"大王何不处死张仪!?"他喝道,"张仪不死,对秦必有大利啊!"

"这……"怀王一时恍惚,众臣皆默。大殿中唯屈原,额上青筋突起,手中酒杯几近捏碎。

(初 1710 班 卢美琪)

【点评指导】

说起屈原,总让人想起"吾谁与玩此芳草"的哀叹。他心怀美政,却难在浊世种下此芳草。他忠谏君王,却无力回天。他和郑袖、张仪、靳尚的故事,被不断史说、戏说。这篇文章,在参考《战国策》《史记》等相关材料的基础上,改写出这段文字,叙事紧凑,画面感强。文末戛然而止,真好奇接下来作者会怎么写呢!

四、以评促思。任选一题完成。

1. 请列举你在本专题文章中了解的端午习俗。在这些习俗中,你觉得最应保留哪些习俗? 写出原因。

【同学分享】

传说中,屈原在端午举身投河,这给端午习俗多添了几分文化内涵。就习俗说,"系百索子、香角子、贴符,十二红"固然好,但所求不过是个"仪式感",这种仪式感在当今网络活动、公共场所并不少见,自然不是亟待"拯救"和"守护"的对象。而且,如果我们把这些习俗都过一遍,可能会给当代的我们带来一些负担,我认为每个人根据自己的喜好和认知,选择性遵守几个便足够陶冶性情了。

赛龙舟是端午节的重要习俗。这个习俗是可以融入现在的。我认为它没有负担,可以让久在城市樊笼的我们亲近自然。对于整日案牍劳形的上班族来说,是一种轻松与休闲。对于我们学生来讲何尝不会成为一种美好的童年或少年回忆呢? 如果想让赛龙舟更加现代化、更加贴近当代人生活,我觉得可以举办一年一度的昆明湖、永定河龙舟大赛,这能给更多的人一种节日的参与感、不同于日常生活的仪式感、与朋友家人相聚的幸福感。

吃粽子这类习俗自然无须刻意保留,它自然会被传承的。因为中国当今商业运作发达,节日食俗成了重要的商业销售热点。"高大上"的"中华粽子"钻进一个个精美的礼盒,成为市场上受人追捧的"香饽饽"。当然,在今天新的一批节日也逐渐形成自身的"传统",而新的一批节日大都是"纪念日",是一种社会性节日。而我们中国的传统文化根植在农耕文明的土壤上,当我们今天逐渐远离农耕社会,那这些承载着民族农耕文化记忆、心系着"天时地利"的节日是不是更值得我们去传承呢?

(初1710班　王允达)

【点评指导】

初一的同学对节日习俗、传统文化有文中的认识,可谓相当不错。文中选取了端午节的驱邪习俗、龙舟习俗、端午食俗等相关内容作为论说对象,立足当代人的时间生活特征,对端午习俗的"去留"发表了自己的看法。我十分欣赏和赞同他文末的观点,保持文化的多样性是文化传承和保护的重要意义,节日文化是中华民族文化尤其是农耕文化的重要承载,在钢筋代替木梁、水泥代替黄土的今天,从这个角度来谈传统的传承,可以说是很有见地了。不过文章在论述的流畅性上还可以更加考究。

2. 关于端午节的起源,一直有"源于夏至节俗""纪念屈原说""纪念伍子胥说"和"龙的节日说"几种说法。为什么只有"纪念屈原说"被广泛认可? 试分析其原因。

【同学分享】

爱国的记忆终将被传颂

初 1710 班　张忠儒

　　提起端午节,没有哪个中国人不会想到屈原。对于屈原的刻板印象似乎是这样:爱国诗人,投江自杀;端午节的一切活动似乎都与他有关;赛龙舟、吃粽子,都可以溯源为对屈原的崇敬。

　　端午节起源于吴越地区崇拜龙图腾的部族举行祭祀的节日,而这欢乐的日子对于亡了国的屈原来说多么凄凉!虽然屈原被后世的统治者贴了忠君爱国的标签,但这个故事仅凭统治者的说辞是不可能传颂到今天的。正是因为屈原的爱国精神与气魄,让他的形象深深烙印在人们心中。

　　虽然端午节的竞渡、食粽早在屈原时代就已产生,但是有了他的壮举,这些活动俨然成为一次次崇高的祭奠,是对一个哀恸的英魂跨时代的纪念。如今的端午节有一种英雄的气质,时代的离愁涌上我们的心头。秦、楚的丰功伟绩如今鲜有听闻,但屈原的故事仍将被永远传唱。

　　每个民族都有其所敬仰的英魂,这并不是一个偶然,这是因为一个民族要想前进,必须要有一种精神依托,照亮他们的前路,引领他们奋进。

【点评指导】

　　文章不过数百字,但是观点清晰,层次分明,论说流畅,是一篇有文采、有观点的好文。文中关于原因的分析个人十分赞同,不论是统治者的话语建构,还是民族的集体记忆,屈原不仅仅是一个"英雄""诗人",也是每一个中国人心目中关于爱国的精神寄托。文章论述先破后立,态度鲜明,思考有深度。

综 合 实 践

　　1. 看完专题文章,你对端午节的习俗五彩祈福粽有兴趣吗?那也学着编制一个吧。你编制的五彩祈福粽想要选择哪五种颜色?这五种颜色有什么内涵呢?请写一篇介绍你的五彩祈福粽颜色设计内涵的短文,并按照你的设计编制出五彩祈福粽。

【同学分享】

　　五彩绳意在驱邪避疫,保全康健。人们用五彩绳制成五彩祈福粽,祝愿在这一年中得到祝福。

我设计的五彩祈福粽选择了红、黄、蓝、绿、紫五色。

红色代表在新的一年中,红红火火,吉祥如意。

黄色代表家庭和睦,家人间和和美美,能够在这一年里经常团聚在一起。

绿色代表健康,祈愿能在这一年里健健康康、驱邪避疫,病痛尽早消除,能够平平安安。

蓝色代表智慧,代表着人们希望能在一年里学业有成,工作顺利。

紫色代表富贵,希望能财运滚滚,过上更好的生活。

五种颜色的五彩绳交织在一起,寓意生活丰富多彩,充实美满。

五彩祈福粽上下有彩色的珠子,象征生活丰富多彩,不留遗憾。

最上端有白色丝线,象征洁净纯白,除去杂念。

(初1702班　胡笑冉)

【点评指导】

不同的颜色,在我们的文化里有着不同的内涵和解读。比如这位同学所说:红色红火,黄色和睦,绿色健康,蓝色智慧,紫色富贵。人们把对美好的祝愿都融揉在色彩里,沁入丝线中,捆绑在粽子上,把最美好的情思和愿望都与这个节日联系在一起。这样一来,节日的文化内涵被丰富、被传承,我们的日常生活也被文化赋予多彩,真可谓是双赢。

2. 根据本专题“端午节”相关内容,设计一个以“龙舟与端午”为主题的手机保护壳或手机屏保壁纸,并为你的手机保护壳或手机屏保壁纸写一句广告词。

小贴士:广告词创作原则

广告词创作时需要注意以下几点:第一,语言要简洁,一般不要超过两句。第二,句式要相对整齐,可以采用对偶句,或者大致字数相同。第三,音韵要比较和谐,可以适当押韵,读来上口,过耳不忘。第四,善用双关、对比、顶真等手法,突出产品特征,让宣传变得新颖、吸引人。如“让世界一起联想”(联想笔记本电脑)用了很好的双关手法;“除了你的脚印,什么都别留下;除了你的记忆,什么都别带走”用了很好的对比手法,完成公益广告;“车到山前必有路,有路必有丰田车”用了顶真手法,也化用和仿写了古诗句,引来幽默和意料之外的新颖。

广告词示例

山叶钢琴：学琴的孩子不会变坏。

戴比尔斯钻石：钻石恒久远，一颗永流传。

德芙巧克力：牛奶香浓，丝般感受。

初 1702 班　陈敏行、赵家萱

【点评指导】

　　两位同学共同的特征是选取了端午节的重要意象来作为自己设计的灵感来源，让传统文化出现在象征着现代文明的手机壳上，这是有创造力的设计，更是有担当的传承。其中，陈敏行同学设计的"万水千山'粽'是情"这句广告词，巧妙利用了名句和谐音原则，使得广告词简洁生动，富有感染力。希望在将来，传统节日等文化可以成为更多人灵感的源泉、思维的火花，让传统文化被"活"着传承。

　　3. 南国多橘，楚地更可以称之为橘树的故乡了。屈原的《橘颂》通过赞颂橘树灿烂夺目的外表、坚定不移的美质和纯洁无私的高尚品德，表达了诗人扎根故土、忠贞不渝的爱国情感和特立独行、怀德自守的人生理想。学唱《橘颂》，从中体会诗人的一片赤子之情吧。在当今社会，也有很多品行高贵的人，在他们身上也体现出了《橘颂》赞颂的种种精神，请选择其中一人，以"_____（填入一种植物）颂"为题，写一首诗赞颂他（她）的高洁之情。

【同学分享】

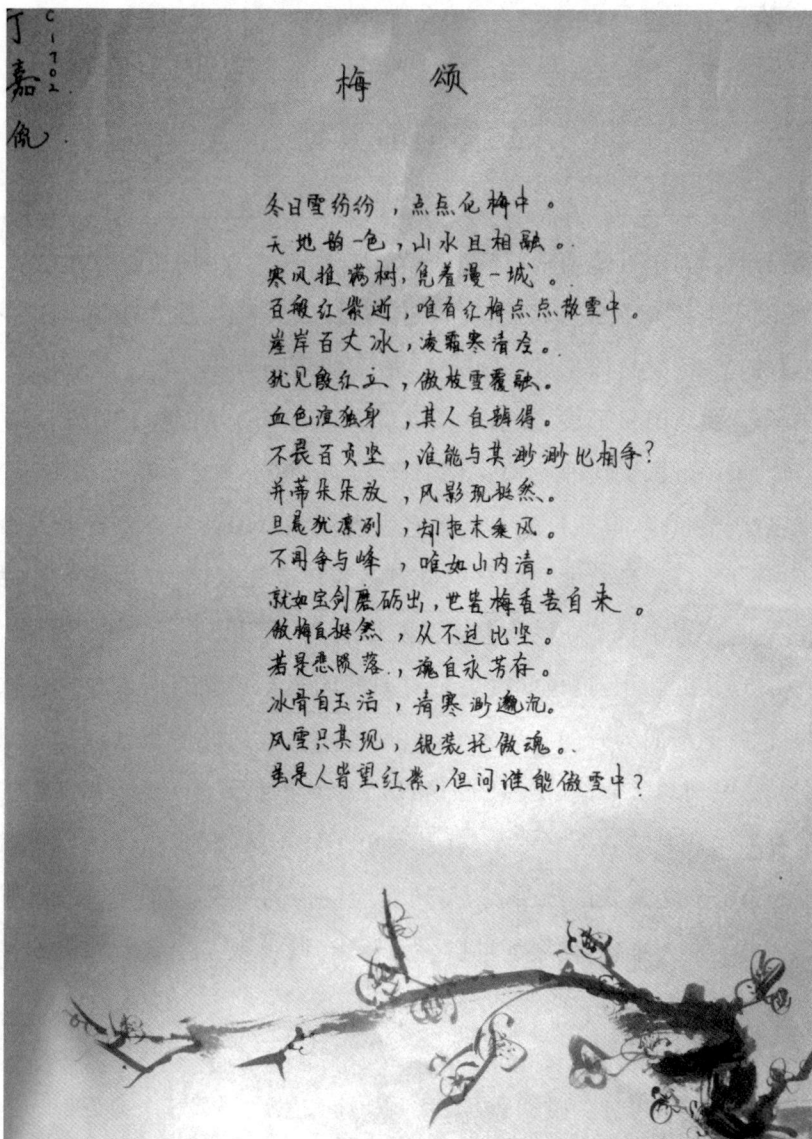

梅　颂

冬日雪纷纷，点点化梅中。
天地独一色，山水且相融。
寒风推满树，冤着漫一城。
百般红紫逝，唯有介梅点点散雪中。
崖岸百丈冰，凌霜寒清至。
犹见傲尔立，傲披雪覆融。
血色渲独身，其人自摘得。
不畏百页坠，谁能与其渺渺比相争？
并蒂朵朵放，风影现挺然。
旦晨犹凛冽，却拖末乘风。
不同争与峰，唯如山内清。
就如宝剑磨砺出，世皆梅香苦自来。
傲梅自挺然，从不迟比坚。
若是愿陨落，魂自永芳存。
冰骨自玉洁，肯寒渺遍流。
风雪只其现，银装托傲魂。
虽是人皆望红紫，但问谁能傲雪中？

初 1702 班　丁嘉倪

【点评指导】

　　好一个"虽是人皆望红紫，但问谁能傲雪中"，尽显梅花虽不是人人皆望的芳菲红紫，却是唯独能在寒冬腊月的风雪中傲然挺立的花朵。该同学抓住梅花与冬雪这一组生机与死寂对比强烈的意象，写冬雪冰百丈，衬托红梅的傲雪凌霜。冬雪想要淹没生的一切，梅花却是不肯退却的生机。此诚少年之意气也。不过全诗在用词和韵律上还有可锤炼和提升的空间。

⊙ 中秋节

生活中的节日

节日由来

每年农历的八月十五是中秋节。中秋节,是仲秋之节,因正值三秋(孟秋、仲秋、季秋)之中,所以叫中秋。中秋节,因其时序在八月,故又叫八月节;因其节俗以赏月为重,故又叫月亮节;因是日以家庭团圆为主,故又叫团圆节。

中秋节作为民俗节日形成较晚,一般认为始于唐宋时期,盛于明清时期,2006年中秋节被列入第一批国家级非物质文化遗产名录,2008年起中秋节成为国家法定节假日。中秋节成节虽晚,但节日的习俗多有古老渊源。中秋节俗以赏月为中心,这与中国古老的月亮天体崇拜有关。但祭祀日月多为皇家礼制,是权力的象征,故而民间无权进行。这也使得中秋节在民间迟迟未能形成。隋唐以后,天文知识的进步使人们对月亮有了更理性的认识,这也使得皇家对月亮的祭祀控制有所放松。仲秋时节,文人吟风弄月也就逐渐成为时尚。到宋代,中秋节已经成为民俗节日,成为当时官方假日,放假一天。民间对赏月的热情更胜唐代,诚如《东京梦华录》所言:"贵家结饰台榭,民间争占酒楼赏月。"一个"争"字,真是写出了好不热闹的中秋赏月情景!明清以后,中秋节的节俗从文人式的风雅赏月,转变为世俗的祈愿,祈求丰收、爱情、家庭和顺,等等。从单一文人雅趣,发展为世俗多元祈求,既反映了中秋节的再度丰富,又反映出这一节日在民间更受重视。

节日习俗

中秋节习俗众多,可分为赏月雅趣、拜月祈愿和家庭团圆三个方面。

赏月雅趣主要是延续中秋节从唐宋时期便有的赏月习俗。其强调休闲娱乐,歌诗品茶,夜赏婵娟等内容,是重要的社交节日。在今天则多表现为各类中秋晚会、诗会和茶会等。

拜月祈愿主要与明清拜月习俗有关。明清时期,拜月祭月主要在家族和家庭内部举行,备节令瓜果、月饼等于庭中,由家中主母携领妇孺拜月,清代俗谚有云:"八月十五月儿圆,西瓜月饼供神前。"这种拜月活动一方面表现出明清时期中秋节功能从社交整合转向家族家庭内部亲情人伦整合,也表达了人们在仲秋时节庆祝丰收的喜悦。此外,中秋祈愿除了祈求家庭和顺,还有祈求子嗣和婚嫁等内容。

中秋节最重要的节令食物是月饼,民间又叫"团圆饼"。明代宫廷中,皇太子需要在中秋节向父亲进献月饼。在民间,亲友之间则更是相互馈赠月饼,传递丰收、团圆和圆满的喜悦与祝福。小小的月饼承载着加强亲属联系的作用,是家庭家族关系的重要黏合剂,也是家族家庭团圆的重要象征物。当然中秋节当日,家族也多聚会团圆,这使得中秋节成为家族家庭团聚的重要时刻。

名家眼中的节日

印度洋上的秋思(节选)

徐志摩[①]

昨夜中秋。黄昏时西天挂下一大帘的云母屏,掩住了落日的光潮,将海天一体化成暗蓝色,寂静得如黑衣尼在圣座前默祷。过了一刻,即听得船梢布篷上窸窸窣窣啜泣起来,低压的云夹着迷蒙的雨色,将海线逼得像湖一般窄,沿边的黑影,也辨认不出是山是云,但涕泪的痕迹,却满布在空中水上。

又是一番秋意!那雨声在急骤之中,有零落萧疏的况味,连着阴沉的气氛,只是在我灵魂的耳畔私语道:"秋!"我原来无欢的心境,抵御不住那样温婉的浸润,也就开放了春夏间所积受的秋思,和此时外来的怨艾构合,产出一个弱的婴儿——"愁"。

天色早已沉黑,雨也已休止。但方才啜泣的云,还疏松地幂在天空,只露着些惨白的微光,预告明月已经装束齐整,专等开幕。同时船烟正在莽莽苍苍地吞吐,筑成一座蟠鳞的长桥,直联及西天尽处,和轮船泛出的一流翠波白沫,上下对照,留恋西来的踪迹。

北天云幕豁处,一颗鲜翠的明星,喜孜孜地先来问探消息,像新嫁媳的侍婢,也穿扮得遍体光艳。但新娘依然姗姗未出。

我小的时候,每于中秋夜,呆坐在楼窗外等看"月华"。若然天上有云雾缭绕,我就替"亮晶晶的月亮"担扰。若然见了鱼鳞似的云彩,我的小心就欣欣怡悦,默祷着月儿快些开花,因为我常听人说只要有"瓦楞"云,就有月华;但在月光放彩以前,我母亲早已逼我去上床,所以月华只是我脑筋里一个不曾实现的想象,直到如今。

现在天上砌满了瓦楞云彩,霎时间引起了我早年许多有趣的记忆——但我的纯洁的童心,如今哪里去了!

---

① 　徐志摩(1897—1931),现代诗人、散文家。

月光有一种神秘的引力。她能使海波咆哮,她能使悲绪生潮。月下的喟息可以结聚成山,月下的情泪可以培畤百亩的畹兰,千茎的紫琳耿。我疑悲哀是人类先天的遗传,否则,何以我们几年不知悲感的时期,有时对着一泻的清辉,也往往凄心滴泪呢?

但我今夜却不曾流泪。不是无泪可滴,也不是文明教育将我最纯洁的本能锄净,却为是感觉了神圣的悲哀,将我理解的好奇心激动,想学契古特白登来解剖这神秘的"眸冷骨累"。冷的智永远是热的情的死仇。他们不能相容的。

但在这样浪漫的月夜,要来练习冷酷的分析,似乎不近人情!所以我的心机一转,重复将锋快的智力剧起,让沉醉的情泪自然流转,听他产生什么音乐,让绻缱的诗魂漫自低回,看他寻出什么梦境。

明月正在云岩中间,周围有一圈黄色的彩晕,一阵阵的轻霭,在她面前扯过。海上几百道起伏的银沟,一齐在微吒凄其的音节,此外不受清辉的波域,在暗中坟坟涨落,不知是怨是慕。

······

昨天船离了新加坡以后,方向从正东改为东北,所以前几天的船梢正对落日,此后"晚霞的工厂"渐渐移到我们船向的左首来了。

昨夜吃过晚饭上甲板的时候,船右一海银波,在犀利之中涵有幽秘的彩色,凄清的表情,引起了我的凝视。那放银光的圆球正挂在你头上,如其起靠着船头仰望。她今夜并不十分鲜艳:她精圆的芳容上似乎轻笼着一层藕灰色的薄纱;轻漾着一种悲喟的音调;轻染着几痕泪化的雾霭。她并不十分鲜艳,然而她素洁温柔的光线中,犹之少女浅蓝妙眼的斜瞟;犹之春阳融解在山巅白云反映的嫩色,含有不可解的迷力,媚态。世间凡具有感觉性的人,只要承沐着她的清辉,就发生也是不可理解的反应,引起隐复的内心境界的紧张——像琴弦一样——人生最微妙的情绪,戟震生命所蕴藏高洁名贵创现的冲动。有时在心理状态之前,或于同时,撼动躯体的组织,使感觉血液中突起冰流之冰流。嗅神经难禁之酸辛,内藏汹涌之跳动,泪腺之骤热与润湿。那就是秋月兴起的秋思——愁。

昨晚的月色就是秋思的泉源,岂止,直是悲哀幽骚悱怨沉郁的象征,是季候运转的伟剧中最神秘亦最自然的一幕,诗艺界最凄凉亦最微妙的一个消息。

今夜月明人尽望,不知秋思在谁家。

中国字形具有一种独一的妩媚,有几个字的结构,我看来纯是艺术家的匠心:这也是我们国粹之尤粹者之一。譬如"秋"字,已经是一个极美的字形;"愁"字更是文字史上有数的杰作；有石开湖晕，风扫松针的妙处，这一群点画的配置，简直经过柯罗①的画篆，米仡朗其罗②的雕圭，chopin③的神感；像——用一个科学的比喻——原子的结构，将旋转宇宙的大力收缩成一个无形无踪的电核；这十三笔造成的象征，似乎是宇宙和人生悲惨的现象和经验，吁喟和涕泪，所凝成最纯粹精密的结晶，满充了催迷的秘力。你若然有高蒂闲④（gautier）异超的知感性，定然可以梦到，愁字变形为秋霞黯绿色的通明宝玉，若用银槌轻击之，当吐银色的幽咽电蛇似腾入云天。

　　我并不是为寻秋意而看月，更不是为觅新愁而访秋月；蓄意沉浸于悲哀的生活，是丹德⑤所不许的。我盖见月而感秋色，因秋窗而拈新愁：人是一簇脆弱而富于反射性的神经！

十月六日志摩

月，阙也
张晓风⑥

　　"月，阙也。"那是一本二千年前的文学专书的解释。阙，就是"缺"的意思。

　　那解释使我着迷。

　　曾国藩把自己的住所题作"求阙斋"，求缺？为什么？为什么不求完美？

　　那斋名也使我着迷。

　　"阙"有什么好呢？"阙"简直有点像古中国性格中的一部分，我渐渐爱上了阙的境界。

　　我不再爱花好月圆了吗？不是的，我只是开始了解花开是一种偶然，但我同时学会了爱它们月不圆花不开的"常态"。

　　在中国的传统里，"天残地缺"或"天聋地哑"的说法几乎是毫无疑问地被一般人所接受。也许由于长期的患难困顿，中国神话中对天地的解释常是令人惊讶的。

　　在《淮南子》里，我们发现中国的天空和中国的大地都是曾经受伤的。女娲以其柔和的慈手补缀抚平了一切残破。当时，天穿了，女娲炼五色石补了天。地摇了，女娲折

---

① 柯罗（1796—1875），法国画家。
② 米仡朗其罗，通译米开朗基罗（1475—1564），意大利文艺复兴盛期的雕塑家、画家。
③ chopin，通译肖邦（1810—1849），波兰作曲家、钢琴演奏家。
④ 高蒂闲，通译戈蒂埃（1811—1872），法国诗人、小说家、批评家。
⑤ 丹德，通译但丁（1265—1321），意大利诗人，著有《神曲》等。
⑥ 张晓风，中国台湾散文家。

断了神鳖的脚爪垫稳了四极（多像老祖母叠起报纸垫桌子腿）。她又像一个能干的主妇，扫了一堆芦灰，止住了洪水。

中国人一直相信天地也有其残缺。

我非常喜欢中国西南部一少数民族的神话，他们说，天地是男神女神合造的。当时男神负责造天，女神负责造地。等他们各自分头完成了天地而打算合在一起的时候，可怕的事发生了；女神太勤快，她们把地造得太大，以至于跟天没办法合得起来了。但是，他们终于想到了一个好办法，他们把地折叠了起来，形成高山低谷，然后，天地才虚合起来了。

是不是西南的崇山峻岭给他们灵感，使他们想起这则神话呢？

天地是有缺陷的，但缺陷造成了皱褶，皱褶造成了奇峰幽谷之美。月亮是不能常圆的，人生不如意事十常八九；当我们心平气和地承认这一切缺陷的时候，我们忽然发觉没有什么是不可以接受的。

在另一则汉民族的神话里，说到大地曾被共工氏撞不周山时撞歪了——从此"地陷东南"，长江黄河便一路浩浩渺渺地向东流去，流出几千里地惊心动魄的风景。而天空也在当时被一起撞歪了，不过歪的方向相反，是歪向西北，据说日月星辰因此哗啦一声大部分都倒到那个方向去了。如果某个夏夜我们抬头而看，忽然发现群星灼灼然的方向，就让我们相信，属于中国的天空是"天倾西北"的吧！

五千年来，汉民族便在这歪倒倾斜的天地之间挺直脊骨生活下去，只因我们相信残缺不但是可以接受的，而且是美丽的。

而月亮，到底曾经真正圆过吗？人生世上其实也没有看过真正圆的东西，一张葱油饼不够圆，一块镍币也不够圆，即使是圆规画的圆，如果用高度显微镜来看也不可能圆得很完美。

真正的圆存在于理念之中，而在现实的世界里，我们只能做圆的"复制品"。就现实的操作而言，一截圆规上的铅笔芯在画圆的起点和终点时，已经粗细不一样了。

所有的天体远看都呈球形，但并不是绝对的圆，地球是约略近于椭圆形。

就算我们承认月亮约略的圆光也算圆，它也是"方其圆时，即其缺时"。有如十二点正的钟声，当你听到钟声时，已经不是十二点了。

此外，我们更可以换个角度看。我们说月圆月缺其实是受我们有限的视觉所欺骗。有盈虚变化的是月光，而不是月球本身。月何尝圆，又何尝缺，它只不过像地球一样不增不减地兀自圆着，以它那不十分圆的圆。

　　花朝月夕，固然是好的，只是真正的看花人哪一刻不能赏花？在初生的绿芽嫩嫩怯怯的探头出土时，花已暗藏在那里。当柔软的枝条试探地在大气中舒手舒脚时，花隐在那里。当蓓蕾悄然结胎时，花在那里。当花瓣怒张时，花在那里。当香销红黯委地成泥的时候，花仍在那里。当一场雨后只见满丛绿肥的时候，花还在那里。当果实成熟时，花恒在那里，甚至当果核深埋地下时，花依然在那里。

　　或见或不见，花总在那里。或盈或缺，月总在那里，不要做一朝的看花人吧！不要做一夕的赏月人吧！人生在世哪一刻不美好完满？哪一刹不该顶礼膜拜感激欢欣呢？

　　因为我们爱过圆月，让我们也爱缺月吧——它们原是同一个月亮啊！

月是故乡明

季羡林[①]

　　每个人都有个故乡，人人的故乡都有个月亮，人人都爱自己故乡的月亮。事情大概就是这个样子。

　　但是，如果只有孤零零一个月亮，未免显得有点孤单。因此，在中国古代诗文中，月亮总有什么东西当陪衬，最多的是山和水，什么"山高月小""三潭印月"等等，不可胜数。

　　我的故乡是在山东西北部大平原上。我小的时候，从来没有见过山，也不知山为何物。我曾幻想，山大概是一个圆而粗的柱子吧，顶天立地，好不威风。以后到了济南，才见到山，恍然大悟：山原来是这个样子呀。因此，我在故乡里望月，从来不同山联系。像苏东坡说的"月出于东山之上，徘徊于斗牛之间"，完全是我无法想象的。

　　至于水，我的故乡小村却大大地有。几个大苇坑占了小村面积一多半。在我这个小孩子眼中，虽不能像洞庭湖"八月湖水平"那样有气派，但也颇有一点烟波浩渺之势。到了夏天，黄昏以后，我在坑边的场院里躺在地上，数天上的星星。有时候在古柳下面点起篝火，然后上树一摇，成群的知了飞落下来，比白天用嚼烂的麦粒去粘要容易得多。我天天晚上乐此不疲，天天盼望黄昏早早来临。

　　到了更晚的时候，我走到坑边，抬头看到晴空一轮明月，清光四溢，与水里的那个月亮相映成趣。我当时虽然还不懂什么叫诗兴，但也顾而乐之，心中油然有什么东西在萌动。有时候在坑边玩很久，才回家睡觉。在梦中见到两个月亮叠在一起，清光更加晶莹澄澈。第二天一早起来，到坑边苇子丛里去捡鸭子下的蛋，白白地一闪光，手伸

---

① 季羡林（1911—2009），现当代语言学家、文学家。

向水中,一摸就是一个蛋。此时更是乐不可支了。

我只在故乡待了六年,以后就离乡背井,飘泊天涯。在济南住了十多年,在北京度过四年,又回到济南待了一年,然后在欧洲住了近十一年,重又回到北京,到现在已经四十多年了。在这期间,我曾到过世界上将近三十个国家,我看过许许多多的月亮。在风光旖旎的瑞士莱芒湖上,在平沙无垠的非洲大沙漠中,在碧波万顷的大海中,在巍峨雄奇的高山上,我都看到过月亮,这些月亮应该说都是美妙绝伦的,我都异常喜欢。但是,看到它们,我立刻就想到我故乡中那个苇坑上面和水中的那个小月亮。对比之下,无论如何我也感到,这些广阔世界的大月亮,万万比不上我那心爱的小月亮。不管我离开我的故乡多少万里,我的心立刻就飞来了。我的小月亮,我永远忘不掉你!

我现在已经年近耄耋。住的朗润园是燕园胜地。夸大一点说,此地有茂林修竹,绿水环流,还有几座土山,点缀其间。风光无疑是绝妙的。前几年,我从庐山休养回来,一个同在庐山休养的老朋友来看我。他看到这样的风光,慨然说:"你住在这样的好地方,还到庐山去干吗呢!"可见朗润园给人印象之深。此地既然有山,有水,有树,有竹,有花,有鸟,每逢望夜,一轮当空,月光闪耀于碧波之上,上下空蒙,一碧数顷,而且荷香远溢,宿鸟幽鸣,真不能不说是赏月胜地。荷塘月色的奇景,就在我的窗外。不管是谁来到这里,难道还能不顾而乐之吗?

然而,每值这样的良辰美景,我想到的却仍然是故乡苇坑里的那个平凡的小月亮。见月思乡,已经成为我经常的经历。思乡之病,说不上是苦是乐,其中有追忆,有惆怅,有留恋,有惋惜。流光如逝,时不再来。在微苦中实有甜美在。

月是故乡明。我什么时候能够再看到我故乡的月亮呀!我怅望南天,心飞向故里。

中秋读苏东坡

《康震评说苏东坡》节选(一)

康　震[①]

严父慈母　言传身教

为什么苏轼兄弟会在文化与政治领域都取得如此耀眼的成绩呢?关键在于家庭教育。

[①]　康震,当代文化学者。

怎样的家庭教育才造就了这样两个优秀的儿子？这首先要归功于他们的父亲苏洵。苏洵虽然一辈子没做过什么大官，但他是北宋著名的散文家、学者。苏洵对他这两个儿子的要求非常严格，苏轼曾经在一首诗中记叙了小时候父亲监督自己读书的情景：

夜梦嬉戏童子如，父师检责惊走书。

计功当毕《春秋》余，今乃粗及桓庄初。

怛（dá）然悸寤心不舒，起坐有如挂钩鱼。

……（《夜梦》）

这首诗的意思是说：晚上梦见自己小时候贪玩儿的事，父亲对学习监督得很严格，按照学习计划，当天本来应该读完《春秋》这部史书，结果才读到桓公庄公部分，不及全书的三分之一。心里担心父亲来检查家庭作业，所以感到提心吊胆总是不踏实，好像嘴里挂了鱼钩的小鱼一样焦虑不安。

这是一首很有趣的诗，写这首诗的时候，苏轼已经六十多岁了，被贬到遥远的海南岛，过着清苦艰辛的生活。在这种情况下，他还梦见儿时父亲督促自己读书的事情，可见童年记忆的深刻。

除了严格监督学业，苏洵对两个儿子的人生教育也很到位。他曾专门写了《名二子说》一文，从苏轼、苏辙两兄弟的名字说起，告诫他们做人的道理：

轮、辐、盖、轸，皆有职乎车，而轼独若无所为者。虽然，去轼则吾未见其为完车也。轼乎，吾惧汝之不外饰也。

天下之车莫不由辙，而言车之功者，辙不与焉。虽然，车仆马毙而患亦不及辙。是辙者，善处乎祸福之间也。辙乎，吾知免矣。

文中的"辐"指车轮中连接轴心与轮圈的直木。"盖"指车盖。"轸（zhěn）"指车厢底后部的横木。"轼"指车厢前端供扶手的横木。"辙"指车轮碾过的痕迹，也指道路。这篇短文先是说：对一辆车来说，车轮、车辐、车盖、车轸都有各自实际的用途。只有车轼，好像没什么实际的用处。但是如果去掉车轼，也就不再是完整意义的车了。

苏洵是想告诫苏轼：我之所以给你取名为轼，就是提醒你，才华横溢必然导致锋芒毕露，锋芒毕露必然会招致嫉恨、暗算，希望你在今后要收敛锋芒，而应该像车轼一样，虽然身处车子的显要位置，却很善于掩饰、保护自己，这就是无用之用。

而对于苏辙，苏洵是想告诫他：行车必有车辙，而大家说起车子的功劳，不会想到车辙，如果有了翻车之祸、马毙之灾，罪责也算不到车辙的头上，车辙很妥当地处于祸福之间。我知道你将来一定能够避免祸患。

俗话说：知子莫如父。苏轼、苏辙兄弟日后的经历真真切切地印证了苏洵老爸的这篇文章中的担心。苏轼一生之所以麻烦、风波不断，一个很重要的原因就在于个性真挚坦率，面对问题，面对矛盾，只要心中有不同的想法、观点，都恨不能一股脑儿全说出来。他的诗文创作更是口无遮拦，如鲠在喉，不吐不快，不善于掩饰自己，结果麻烦事儿一个接着一个。但这似乎也正是他可爱的地方，也是我们大家喜欢他的地方。

苏辙与他的哥哥相比就要稳健得多，冷静得多，个性也比较平和深沉，含蓄不露，所以他一生虽然也历经风波，但终归以七十多岁的年寿平安度过晚年。不过在我们这些读者心里，苏辙似乎就少了许多快意恩仇、潇洒自在的魅力，就不像他的哥哥苏轼那么可爱了。

父亲的言传身教，一方面使苏轼兄弟接受了正规而良好的文学艺术教育，另一方面也赋予了他们不拘礼教、开拓进取的卓然之气。与此同时，来自母亲程氏的教育对苏轼兄弟的成长也至关重要。苏轼的母亲程夫人出身官宦之家，文化素养深厚，个性仁慈而果断。她对苏轼的人格教育也很值得我们学习。

在《宋史·苏轼传》中记载了这样一件事：苏轼十来岁的时候，程夫人给他读《后汉书·范滂传》中的故事。范滂是东汉时代的著名政治家，他查办贪官污吏，铁面无私，结果遭到奸臣陷害，被判处极刑。上刑场前他与母亲诀别，说："母亲，我对不起您。今后只有靠弟弟尽孝心了，我就要跟随父亲在九泉之下。生者和死者，都各得其所。只求您舍弃难以割断的恩情，不要增加悲伤。"他母亲深明大义，对他说："你今天能够与忠义之臣齐名，死有何恨！既已享有美名，又要盼望长寿富贵，岂能双全？我支持你为了理想舍弃生命。"

这真是一个荡气回肠的故事！

我们想想看，苏轼听完这个故事会有怎样的反应？当时，十岁左右的苏轼站起身来，激动地说："母亲，倘若我也要做一个范滂这样的人，您同意吗？"

大家注意，他是在反问母亲："您同意吗？"那么，程夫人又会做出怎样的回答呢？

可能会有几种答案。第一种是：真是妈妈的好儿子，我同意！第二种是：儿子真乖，范滂是个好人，不过妈妈可不想让你去死！第三种是：别瞎说，妈妈还指望你养老送终呐！

你不能简单地说这几种回答哪个对哪个错，让我们看看程夫人的回答。

程夫人很平静地说："你如果能做范滂，我难道不能做范滂的母亲吗？"

什么叫人格教育？什么叫道德教育？什么叫潜移默化？什么叫以身作则？为什么苏轼一辈子嫉恶如仇、光明磊落、爱憎分明、百折不回？为什么有那么多人仰慕苏轼的人格魅力？良好的家庭教育，尤其是父母的人格教育对于孩子的成长实在是太重要了！

程夫人个性果敢坚毅而又仁慈善良。苏轼家里的庭院种满了各式各样的花草树木，显得生机勃勃，引得许多鸟雀都来这里栖息、筑巢。苏轼和小伙伴们看到这么多小鸟来家里，当然高兴啦！可是程夫人却担心小孩子不懂事，会弄伤鸟雀，伤及幼雏，于是"下令"严禁小朋友捕鸟！如此一来，来这里安家筑巢的鸟儿自然越来越多，有些胆子大的鸟儿甚至把窝筑到了低矮的树枝上。苏轼兄弟和小伙伴们常常围在鸟窝边，逗弄可爱的小鸟，给它们喂食。苏轼曾在《异鹊》诗中深情回忆起童年这段有趣的场景：

昔我先君子，仁孝行于家。

家有五亩园，幺凤集桐花。

是时乌与雀，巢鷇（kòu）可俯拏。

忆我与诸儿，饲食观群呀。

程夫人这种刚柔相济的个性对苏轼一生有着非常大的影响。近千年来，人们之所以热爱、敬仰苏轼的人格，之所以喜欢颂读他的文学作品，不就是因为这些作品表现出了苏轼那宽厚、仁慈、博大的精神世界吗？苏轼这种思想个性的形成，与他的母亲程氏显然有着直接的关系。

《康震评说苏东坡》节选（二）

康　震

勤勉务实　便是潇洒

苏轼在黄州的潇洒主要体现在两个方面，一个是物质生活，一个是精神生活。苏轼在黄州的物质生活面临三大难题。

第一难，花销问题。苏轼在黄州所担任的职务是：黄州团练副使本州安置、不得签书公事。"团练副使"大体相当于今县级人民武装部副部长，但是"本州安置、不得签书公事"两句话表明，苏轼这个副部长没有签字权和行政权，就只是个空头官衔。他的身份本质上是由黄州官府代为看管的犯官。按照朝廷的规定，像苏轼这样的犯官，除了一份微薄的实物配给之外，没有正常的俸禄薪水。苏轼做了二十多年官，"俸入所得，随手辄尽"（苏轼《与章子厚书》），俸禄到手，随到随花，从来没有储蓄的习惯。所以他来到黄州后，一家老小二十多口人的花销就成了大问题。按照黄州当地的物价水平，一斗米大约二十文钱，一匹绢大约一千二百文钱，再加上各种杂七杂八的花销，一个月下来也得四千多文钱。但是现在的苏轼是犯官身份，哪儿有那么多钱啊？

不过这难不倒苏轼，钱多我就多花，钱少我就计划着花，这就是苏轼对待金钱的潇洒态度。他现在虽然没有正常的薪水，不过积蓄还是有一点儿的，于是他做了精心的计划，规定：今后每天花费不超过一百五十文钱。每月初一取出四千五百文钱，分为三十份，挂在屋梁上，每早用叉子挑一份，然后将叉子藏起来。当天剩余的钱另外存在大竹筒里，作为接待客人的费用（事载苏轼《答秦太虚书》）。

但就算这样精打细算，手头的现钱也只能支撑一年多。那么，一年以后怎么办呢？苏轼说："至时，别作经画，水到渠成，不须预虑。以此，胸中都无一事。"（《答秦太虚书》）意思是说，到了钱用光的时候，再做筹划，正所谓水到渠成，一年后的问题一年后再考虑，不需要提前发愁。聪明潇洒的人从来不给自己提前预支烦恼！

第二难，住房问题。按照朝廷规定，苏轼这样的犯官无权享受官府提供的住宅，那一家二十多口人住在哪里？开始的时候，苏轼一家住在江边一个废弃的官府驿站——临皋亭，这个地方不仅潮湿闷热，而且拥挤不堪，来了朋友更是无法安排。后来，苏轼在种地的东坡园中选址修建了五间泥瓦农舍。农舍在大雪纷飞的冬季建成，苏轼在厅堂四壁涂白如雪，起居坐卧，四面环顾，俱为雪景，故而美其名曰"雪堂"（事载苏轼《雪堂记》）。雪堂不仅解决了家庭住房的困难，从此也成为苏轼在黄州精神生活的重要象征。

第三难，吃饭问题。这个问题其实是第一个问题的直接后果，没有足够的钱当然就没有足够的口粮，怎么办？苏轼的决定同样潇洒：脱下文人的长袍，穿上农夫的短打，自己动手，开荒种地。经过多方申请，当地政府批给苏轼一块五十亩的废弃坡地。苏轼非常钦佩唐代大诗人白居易，常常在诗词中以乐天自比。白居易被贬忠州刺史时，曾作《东坡种花》诗，诗云：

> 朝上东坡步，夕上东坡步。
>
> 东坡何所爱，爱此新成树。

现在，这块五十亩的贫地正好位于黄州城东门外，于是苏轼干脆给这块地取名"东坡"，并自称"东坡居士"（事载宋·周必大《二老堂诗话》）。苏东坡这个名号就是这么来的，它在民间的影响可要比苏轼这个名字大多了！

在一般文人看来，开荒种地本来就不是什么体面的事情，不过是一块废弃的坡地，却偏偏称作什么"东坡"！一介犯官，被贬偏隅之地，穷困潦倒，却还要自称什么"居士"，简直是不以为耻，反以为荣！没错！这就是苏轼的与众不同之处。谁说文人不能种地？谁说种地的人就不能自称居士？又有谁规定种地丢人现眼？没有饭吃，就得种地，收割庄稼，就有饭吃，就是这么简单的道理，多少所谓的文人却不明白，也不愿意明白。

什么叫潇洒？潇洒不是一天到晚昂着脑袋、甩着袖子在大街上走，潇洒很具体，它是你在生活当中，面对每一个具体困境时的表现，你的人生中所面临的每一个挑战，都在检验你潇洒的底线。"东坡居士"这个名号也透着一股潇洒劲儿。居士的本意是指在家修行的佛教徒，但"东坡居士"这个称谓显然超越了本意的内涵，拥有更丰富的魅力——黄州的苏轼，是个平凡的养家糊口的劳动者，是个善于在劳动中寻找审美趣味的文人，也是个勇于在苦难中摆脱心灵枷锁的哲人。他说："我刚刚来黄州两年，生活窘困而匮乏。老朋友马正卿感慨我缺衣少食，帮助我从州郡那里申请下来数十亩土地，以供躬耕之用。这几十亩荒地，布满荆棘瓦砾，天气又很干旱，开垦拓荒令人精疲力竭，其中的劳苦真是说不尽！暂时放下锄头，喝碗水，写下《东坡八首》，自己哀怜自己的勤勉，等到来年有了不错的收成，这周身的劳顿疲倦就可以统统忘记了！"（苏轼《东坡八首并叙》）黄州的苏轼，在后代的眼中雅俗共赏，赢得了农夫与士大夫的共同赞许，而东坡也成为苏轼在黄州的第一个重要象征。

苏轼带领家人在东坡开垦荒地，播种大麦，第二年，就收获了二千多斤。我们知道，现在大麦的主要用途一是作饲料，二是酿啤酒，但在当时这却成为苏轼一家人的口粮。大麦饭有个特点，口感滑滑的、粘粘的，挺筋道，有嚼头儿，吃起来喷喷有声。几个儿子边吃边说："父亲，这个大麦饭吃起来像是在咬跳蚤啊！"不过大麦饭吃多了不好消化，而且酸不溜丢的。苏轼于是改革大麦饭，将黄色的大麦与红豆掺在一起，口味独特，苏夫人笑着说："这是真正的二红饭！"（事载苏轼《二红饭》）庄稼要是歉收，饭就不够吃，怎么办？勒紧裤腰带！有人会说，这算什么潇洒，一个文人混成这样，太丢脸了！但苏轼并不这么看，他专门写了一篇《节饮食说》，贴在墙壁上，作为养生补气的座右铭。全文如下：

东坡居士自今日以往，早晚饮食不过一爵一肉，有尊客盛馔则三之，可损不可增。有召我者，预以此告之。主人不从而过是，乃止。一曰安分以养福，二曰宽胃以养气，三曰省费以养财。

意思是：东坡居士从今往后，早晚吃饭不过一杯酒、一块肉。如果有尊贵的客人来访,即便摆下丰盛的酒宴,也只是三杯酒、三块肉,只可减少不可增加。如果有人请客,我就事先向他通报自己吃饭的原则。如果主人不听从非要超过这个界限,就干脆不去赴宴。为什么这样做?苏轼回答:一来安分养福气,二来宽胃养神气,三来省钱养财气。

饿肚子当然很难过,也很没面子,但是苏轼并不觉得,反而堂堂正正地讲了三条大道理,这不是面对困难、超越困难的潇洒是什么?当然,辟谷节食本来也是道家养生的重要手段,但毕竟辟谷是积极主动的节食,而挨饿是被动的节食,能够将这二者故意混淆并赋予崇高目的的,大概只有苏东坡了!

苦中作乐　亦是潇洒

当然,真正的潇洒并不仅仅是写写文章、动动嘴皮子,关键还在于亲身实践,在实践中表现出潇洒的风采、潇洒的内涵。黄州的饮食、生活条件都比较困难,但是再难也难不倒苏轼这个潇洒的美食家,他总能在恶劣的环境中创造享受美食的机会。正是在黄州,他发明了著名的东坡肉,有颂文为证,颂文曰:

净洗锅,少著水,柴头罨烟焰不起。待它自熟莫催它,火候足时它自美。黄州好猪肉,价贱如泥土。贵人不肯吃,贫人不解煮。早晨起来打两碗,饱得自家君莫管。

(《猪肉颂》)

翻译成白话小儿歌就是:洗净大锅少放水,文火慢炖莫张嘴。火候到了揭锅盖,肉味真香好可爱!黄州猪肉真便宜,价钱好比黄泥土。有钱人家不肯吃,穷人家里不会煮。早上起来吃两碗,饱我肚子你别管!

第二道菜叫作东坡羹,也有颂文为证,颂文曰:

东坡羹,盖东坡居士所煮菜羹也,不用鱼肉,五味有自然之甘。其法:以菘,若蔓菁,若芦菔,若荠,皆揉洗数过,去辛苦汁,先以生油少许涂釜缘及瓷碗,下菜汤中,入生米为糁及少生姜,以油碗覆之,不得触,触则生油气,至熟不除。　　(《东坡羹颂》)

翻译成白话菜谱是:第一步,将大白菜、大头菜、大萝卜、野荠菜反复揉洗干净,意在除去菜蔬中的苦汁儿;第二步,在大锅四壁、大瓷碗上涂抹生油;第三步,将切碎的白菜、萝卜、荠菜及少许生姜放入锅中煮菜羹,用油碗覆盖但不触碰菜羹,否则会有生油味;第四步,将盛满米的蒸屉放在锅上,等到菜完全煮熟后再盖上屉盖。煮东坡羹的诀窍在于:菜羹煮沸时必然上溢,但因锅四壁涂有生油,又有油碗覆盖,因此不会溢上蒸屉。但是蒸气上达蒸屉,米饭也就煮熟了。这样一来,锅中的菜羹以及蒸屉中的米饭都一次加工而成,方便实惠,价廉饭美,有点儿类似于现在的快餐“盖浇饭”,做到菜饭合一,简便易食,苏轼曾将它介绍给一些道士、和尚朋友,很受欢迎。

有了一盘东坡肉,一碗东坡羹,还缺一杯酒。苏轼按照朋友杨世昌道士提供的秘方酿造蜜酒,并作《蜜酒歌》一首:

西蜀道士杨世昌,善作蜜酒,绝醇酽。余既得其方,作此歌遗之。

真珠为浆玉为醴,六月田夫汗流泚。

不如春瓮自生香,蜂为耕耘花作米。

一日小沸鱼吐沫,二日眩转清光活。

三日开瓮香满城,快泻银瓶不须拔。

百钱一斗浓无声,甘露微浊醍醐清。

君不见南园采花蜂似雨,天教酿酒醉先生。

先生年来穷到骨,问人乞米何曾得。

世间万事真悠悠,蜜蜂大胜监河侯。

诗歌大意是:第一天酿酒缸里的酒液开始像小鱼一样吐泡泡,第二天酒液清澈光亮,第三天打开酒缸居然闻到酒香。这甘浓的美酒清亮迷人,你看那南园中的蜜蜂像雨滴一样浓密,看来上天酿酒想要醉倒我! 苏轼这首蜜酒歌中反复出现蜜蜂、采花,看起来这个蜜酒真是香甜无比。可惜,苏轼酿出的所谓蜜酒,喝下去似乎并不怎么甜蜜,反而会导致严重的腹泻。有人曾问苏轼的两个儿子苏迈、苏过,这究竟是怎么回事? 到底是酿酒秘方有问题,还是酿造工艺有问题? 两位苏公子不禁抚掌大笑。他们说,其实他们的父亲在黄州仅仅酿过一次蜜酒,后来再也没有尝试过,那一次酿出来的味道跟屠苏药酒差不多,不仅不甜蜜,反而有点儿苦苦的。细想起来,秘方恐怕没有问题,只是苏轼太性急,可能没有完全按照规定的工艺去酿,所以酿出来的不是蜜酒,而是"泻药"(事载宋·叶梦得《避暑录话》)。

其实,不管苏轼酿出来的是什么,当他按照杨道士的秘方,满怀希望酿酒的时候,未尝不是在酿造着自己对人生、生活的一份希望吧? 在黄州这个地偏人稀的小城,也许正是这一杯苦涩的家酿蜜酒能够给东坡居士带来一点甜蜜的快乐吧? 如果说从苦涩的酒水里能够品味出甜蜜的味道,也不惧怕腹泻的危险,这又算不算是一种潇洒呢?

现在我们品一块东坡肉,吃一碗东坡羹,少喝一点东坡蜜酒,生活真美好啊,恍惚之间觉得自己也变成了苏东坡,你说潇洒不潇洒? 生活当然还是很苦,但是要善于苦中作乐,在艰苦的环境中寻找乐趣,这才是真潇洒!

《苏东坡传》节选（一）

林语堂①

佛印富有机智捷才。在他和苏东坡有点儿哲理味道的故事中,有一个是这样的。一天苏东坡和佛印去游一座寺院,进了前殿,他俩看见两个面貌狰狞可怕的巨大金刚像——一般认为能伏怪降魔,放在门口当然是把守大门的。

苏东坡问:"这两尊佛,哪一个重要?"

佛印回答:"当然是拳头大的那个。"

到了内殿,他俩看见观音像,手持一串念珠。

苏东坡问:"观音自己是佛,还数手里那些念珠何用?"

佛印回答:"噢,她也是像普通人一样祷告求佛呀。"

苏东坡又问:"她向谁祷告?"

"向她自己祷告。"

东坡又问:"这是何故? 她是观音菩萨,为什么向自己祷告?"

佛印说:"你知道,求人难,求人不如求己呀!"

他俩又看见佛桌上有一本祷告用的佛经。苏东坡看见有一条祷告文句:

> 咒咀诸毒药,愿借观音力,
>
> 存心害人者,自己遭毒毙。

苏东坡说:"这荒唐! 佛心慈悲,怎肯移害某甲之心去害某乙,若真如此,佛便不慈悲了。"

他请准改正此一祷告文句,提笔删改如下:

> 咒咀诸毒药,愿借观音力。
>
> 害人与对方,两家都无事。

《苏东坡传》节选（二）

林语堂

在苏东坡降生之前,中国已经有丰厚的艺术传统,在书法绘画两方面皆然。苏东坡自幼年即仰慕吴道子。他在黄州那些年,一直倾其全部时光致力于绘画。现在所有他的诗画朋友都已集会在京师,而气氛也极利于他在诗画上的创造,正如一个弈棋高

---

① 林语堂(1895—1976),现代作家、学者、翻译家、语言学家。

手发现了城中另一个弈棋高手之后,他的生活便会有所改变,同样,苏东坡的生活现在也改变了。他毕竟是个文人,不是个政客。既然是文人,他的要务仍然离不开纸墨笔砚。他的门人,也都是出色的文人,不断在他的书斋中流连盘桓。米芾后来成为宋朝杰出的画家,曾经有一次,他喜爱自己在悬崖峭壁所画的默然无色的巨石那雄伟的气魄,他乃以"丈人"之名称之。他自称"米颠",别人也以此名相称。米、苏、李(李公麟),这宋朝三大家,现在时常在一处。

这一群文人时常在彼此的家中相会,饮酒,进餐,笑谑,作诗,而大部分时间都在陶然佳境中过活。此等时光,苏、米、李三人往往走近书案,纸笔墨都在眼前。如果一个人开始作画、作诗或写字,别人便作壁上观,或也技痒而参加,为补上诗句,或增加题跋,当时的情况与气氛理想极美矣。诗、画、字,这三者主要的材料,只是两种液体物——墨与酒;除去最讲究的毛笔和用最贵、最为稀有的原料做的纸之外,他们有上等酒、上等墨。大书法家和大画家一发现有上等纸张当前,就犹如小提琴名家发现面前有一个施特拉底瓦牌的名琴一样——硬是不胜其魔力之诱惑。苏东坡最喜爱的是澄心堂的纸,宣城的诸葛笔或是鼠毫笔和李廷邦的墨。一个人画完一幅画,一般习惯是由其他文人在上面写几首诗文作评语,或仅仅写刚才说的几句戏言。有时苏东坡和李公麟(西方收藏家多知道他叫李龙眠)合作一幅画,苏画石头,李画柏树,子由和黄庭坚题词。

有一次,在中国艺术史上很出名的事,是十六个此等名家聚会于驸马王诜的庭园之中,这就是有名的"西园雅集"。李公麟画,米芾题词。画里有宋朝三大家,苏东坡、米芾、李公麟,还有东坡弟弟苏子由、苏门四学士。石桌陈列于花园中高大的苍松翠竹之下。最上面,一只蝉向一条小河飞去,河岸花竹茂密。主人的两个侍妾,梳高发髻,戴甚多首饰,侍立于桌后。苏东坡头戴高帽,身着黄袍,倚桌作书,驸马王诜在附近观看。在另一桌上,李公麟正在写一首陶诗,子由、黄庭坚、张耒、晁补之都围在桌旁。米芾立着,头仰望,正在附近一块岩石上题字。秦观坐在多有节瘤的树根上,正在听人弹琴,别的人则分散各处,以各种姿势,或跪或站,下余的则是和尚和其他文人雅士了。

普通都认为苏东坡作品之最精者,都是他醉后或兴致昂扬之时的作品,一想中国绘画、写字时一挥而就的潇洒明快,此话不能不信。在哲宗元祐三年(一零八八)苏东坡任主考官之时,他和艺术家朋友李公麟、黄庭坚、张耒等陪考官入闱将近两个月,在阅卷完毕之前不得出闱,亦不得与闱外联络。他们空闲无事,李公麟画马自娱,黄庭坚则写阴森凄惨的鬼诗,彼此说奇异的神仙故事。至于苏东坡如何,黄庭坚记载的是:"东坡居士极不惜书,然不可乞。有乞书者,正色诘责之,或终不与一字。元祐中锁试礼部,每来见过案上纸,不择精粗,书遍乃已。性喜酒,然不过四五龠已烂醉,不辞谢而就卧。鼻鼾如雷,少焉苏醒,落笔如风雨。虽谑弄皆有意味,真神仙中人。"

苏东坡论自己书画时说:"吾书虽不甚佳,然出自新意,不践古人,是一快也。"

苏东坡在世时,曾使人画像数幅,其中最有名者为程怀立和名画家李公麟所画。在李公麟所画的一幅上,苏东坡身坐岩石,一条藤杖斜横于膝上。黄庭坚说这张画像正好把握住他微醉之时的神情。从姿势上看,他很轻松地坐着,似正在思索宇宙中万物盛衰之理,也正享受眼前大自然的森罗万象。好像他随时都可能立起来,提笔沾墨,抒写胸怀中之所感,或是用美妙的诗歌,或是用气韵生动的一幅画,或是用神味醇厚的书法。

有一次,杜几先带来一张上好的纸张,请苏东坡在上面写字,但是他提出了字的大小排列等问题。苏东坡笑着问他:"我现在是不是卖菜?"哲宗元祐二年(一零八七)三月,康师孟已经出版了苏氏兄弟九本字帖的精摹本。苏东坡自己的若干朋友都是热心搜集苏字的。一天晚上,他的几个朋友在他家,正在翻查几个旧箱子。有人找到一张纸,上面的字是苏东坡写的,还依稀可读。仔细一看,原来是他在黄州贬谪期间醉中写的《黄泥坂》。有的地方已然污损,连东坡自己都不能辨认。张耒抄写了一遍,交给苏东坡,自己则保留那份真迹。几天之后,苏东坡收到驸马王诜寄来的一封信,信里说:"吾日夕购子书不厌,近又以三缣博得两纸字。有近画当稍以遗我,勿多费我绢也。"

有几封苏东坡给朋友的最亲密的信,被刻在石头上,他去世之后当作拓片卖,就是所谓"西楼帖"。这本帖至今还在,看起来就仿佛邻居的目光一样熟悉。苏东坡在一封信的再启里,代妻子向一个朋友道谢,因为那个朋友送了他妻子一把梳子。在另一个再启里,他说要送人一锅咸猪肉。

《苏东坡传》节选(三)

林语堂

苏东坡任官之时,做了些怪事:

有一个商人因债务受审。被告是一个年轻人,苏东坡让他说明他的苦况。

被告说:"我家开了一家扇子店。去年家父去世,留下了一些债务。今年春天天阴多雨,人都不买扇子,并不是我赖债不还。"

苏东坡停顿一下,眼睛一亮,计上心来。他一看笔砚在桌子上,忽觉技痒。

他对那年轻人说:"把你的扇子拿一捆来,我替你卖。"

那人回去,转眼拿来二十把素绢团扇。苏东坡拿起桌子上的笔,开始在扇子上写草书,画几棵冬日的枯树、瘦竹岩石。大约一个钟头的工夫,把二十把团扇画完,把扇子交给年轻人说:"拿去还账吧。"

年轻人喜出望外,想不到有这么好运气,向太守老爷千恩万谢,然后抱着扇子跑出了官厅。外边早已传开太守大人画扇子卖。他刚走出衙门,好多人围起他来,争着拿一千个钱买他一把扇子,不几分钟,扇子卖光,来晚一步的,只有徒叹奈何了。

有一次,一个由乡间赴京都赶考的书生,因有欺诈嫌疑而被捕。那个书生带着两大件行李,上面写着交京都竹竿巷苏侍郎子由,下面署名苏东坡。分明是欺诈。

苏东坡问他:"行李里头是什么东西?"

书生回答说:"我实在觉得对不起大人。鄙家乡的人送了学生两百匹绸子,算是帮学生的盘费。学生知道这些绸子一路之上要由税吏抽税,等到京都,恐怕只剩了一半。学生心想最出名、最慷慨的文人莫过您苏氏二昆仲,所以斗胆用您二位大人的名字。万一被捕,您会体谅下情把学生释放。学生敬求大人恕罪,下次不敢了。"

苏东坡微微一笑,吩咐书记把行李上的旧纸条撕去,亲自写上收信人和寄信人的姓名地址,并且给子由写了一封短信,交给那个双手颤抖的书生带去。对那个书生说:"老前辈,这次你放心吧。即便差人把你抓到皇上跟前,担保你平安无事。明年考中,别忘了我。"

那个穷老书生不胜惊异,万分感谢。他果然考中。回家时,给东坡这位诗人写了一封信感激深恩大德。苏东坡对这件奇遇非常欢喜,请他在家盘桓了几天。

苏东坡也做了些帮助太学生的事,老百姓因此越发喜爱他。杭州城有好些要改善的地方。太守官署的房子已经过于陈旧,军人住的营房也漏雨,军火库更是破烂不堪,城门楼上的房顶都露出一片片的天光。有好多一百多年的老房子,都是五代十国时吴越王钱镠时代建筑的。当年中国各地皆纷乱异常,只有吴越朝廷有道,民间太平,几代皇帝都深得民心。在宋太祖已将中国其他地方全征服时,吴越的皇帝为免生民涂炭,甘愿献上降服,因此东南百姓,感恩戴德,至死不忘。以前的几任太守曾经自筑官舍,如中和堂、有美堂等新宅第,把旧房子弃置不顾。苏东坡在杭主政时期,曾有一栋坍塌,二人惨遭压毙,另一栋倒塌时,一家四口全死在其中。苏东坡又运用自己与皇太后的关系,上表请求拨款四万贯修缮官舍、城门、城门楼、二十七座谷仓。

杭州城有五十万人,却没有一家公立医院。杭州位于钱塘江口,海陆行旅辐辏云集,往往有病疫流行。有些药方,历经证明,确实有效,他都公布在外。苏东坡在密州为官时,曾经令人把有用的药方用大字抄写贴在市镇广场,作为官方,好使一般百姓知道。有一个特别药方,他深信有效,而且一个大钱一服。那些药方里包括好多味草药,有的是为降烧,有的为出汗,有的为开胃口,有的泻,有的补。中医深信,一个器官有病时,全身亦必有病。所以药方是用以使全身健康,并不止是只治某一病的。有一个药方叫"圣教子",包括二十种药材,其中有高良姜、厚朴、半夏、甘草、草豆蔻、木猪苓、柴胡、藿香、石菖蒲等,还包括麻黄,现在已经证明是胃液分泌的强力兴奋剂。

苏东坡对这些零星无组织的帮助病人的办法,颇不满意,他从公款里拨出两千缗,自己捐出五十两黄金,在杭州城中心众安桥,建了一家公立医院。据我所知,这个"安乐坊"是中国最早的公立医院。三年之内治疗了一千个病人。主办此医院的道士,由朝廷酬以紫袍和金钱。后来,此医院迁到西湖边,改名为安济坊,苏东坡离开杭州后,还照常为人治病。

不过苏东坡最关心的是杭州居民的用水问题,还有通过杭州城的运河淤泥。在吴越时代,沿海曾筑有长墙,防止海潮进入运河,免得海盐污染城市内的淡水。但是那道长墙如今年久失修。城内有两道运河,以南北方向穿过城市,直接在闸口连接钱塘湾。钱塘湾的水相混合,所以有好多淤泥,每四五年,运河河床就需要疏浚一次。当年没有现代的机器,由河床挖出的淤泥就堆在岸边居民住家的门前。运河长约四五里,疏浚费用很大,讨居民的厌恶,更不在话下。更坏的是交通情形,一只船要走好几天才能走出城去。船要用人和牛拉,而运河上的混乱不堪,简直难以描画。

苏东坡向专家请教,把运河的高度测量过,拟好一项计划,以防淤泥沉淀,才能保持运河地区的清洁。这是他在杭州第一次的工程,始于十月,那是他到任后三个月,次年四月竣工。

诗词话中秋

清华附中清兰书法社学员习作

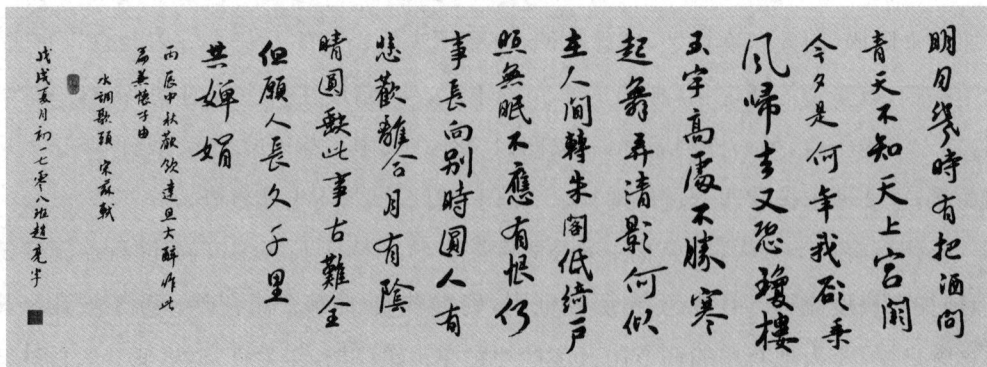

（初 1708 班　赵亮宇　书写）

清华附中西园诗社吟唱学习视频

水调歌头

学 习 任 务

一、书法练习。请用你擅长的字体将《水调歌头（明月几时有）》这首词写成一幅书法作品。

二、批注留念。我们边读书，边批注。请挑选一则你最满意的批注，写入下表。

摘　　录	批　　注

三、以读导写。任选一题完成。

1．"今夜月明人尽望，不知秋思落谁家。""海上生明月，天涯共此时。""明月几时有？把酒问青天。"这几句诗词是中秋咏月的佳句，情韵俱佳。请选择其中一句，发挥你的想象力，扩写这句诗，描摹这句诗歌所呈现的画面。

【同学分享】

"海上生明月，天涯共此时"扩写

初 1703 班　王予骞

夜色已深，宛若漆黑而又泛着点点银光的宝石。繁华的白昼渐渐消失……烟波浩渺的海面上弥漫着令人沉醉、轻薄的水雾，云烟缭绕，波光粼粼。今夜的秋风既不刺骨也不狂野，它紧贴着水面滑翔，涟漪一圈圈扩散开来，映在水中的山影也随之微微摇晃。繁星点点，银汉迢迢，但天上那一轮玉镜却更是夺目。与天空接壤的海面上覆盖着无数颗晶莹剔透、璀璨的钻石,耀眼的光芒蔓延开来,如此迷人,把深邃的夜空点亮了,月儿、星儿,还在把更多的亮光撒向海面。它们在遥远的夜空上升高、翱翔……冷寂的海边上隐约看见一个瘦高的人影,穿着流水一般的灰色长袍,衣襟和头发轻轻地飘着。他就这样静静地站在海边,眼睛中反射着月光、水波,但最深处却透着一丝令人捉摸不透的情绪,是无奈? 是悲伤? 是些许寂寞? 还是深深的思念? 也许是他在异乡,正沉浸在思念知音、家人的思绪里吧? 半晌,他怔怔地仰起头,凝望着皎洁的玉盘,那上面,一圈圈的灰色环形山清楚地印在上面,嫦娥和玉兔可能就在那里面建了宛如翡翠一般的殿堂,她们此刻也正在玉宫里遥远地望着这里,说不定……这位美丽而又多愁善感的仙女也有什么心事或是什么令人惦念,令人惆怅的心事吧? 那这位衣袍飘飞看起来又十分沉稳、宁静的人,可能也一样吧? 或者……爱他的人,和他心有灵犀的人,也一定在正值中秋花好月圆的时节望着这高高的玉镜……或者他愿明月捎带上他的思念、他的愿望,寄到那里……相信他的心里,会晓得有情人终成眷属;身无彩凤双飞翼,心有灵犀一点通;而如果那个他思念的人是他的知音,那么他们终有一天也会"一生大笑能几回,斗酒相逢须醉倒"。算了,还是把这一切一切的情感化作自己的乡愁、思念、无奈与期盼交杂的感情,送到那迸发着银光的玉盘那里去吧。

穹顶上众星拱月,星斗更密了,不知这位游子要在海边留到何时,也许他会彻夜不眠,等到星沉月落的时候再慢慢离去……

【点评指导】

这一片段主要运用了联想、细节描写、借景抒情的手法,把诗句中的情景细致入微地描写了出来。有环境描写,也有一些对人物神态、动作、心理状态的描写,写心理的时候主要运用了想象,可谓思接千里。整个描写的意境稍显温婉,再大气些会更符合原诗。

2."今夜月明人尽望",中秋佳节,全世界的华人都会抬头仰望同一轮圆月。对那个天上的圆月,每个人都遐思无限。你若抬头看月,会把圆想象成什么呢? 把你的想象写出来。不能把圆想成月亮和太阳。要求有创意,有具体的描写,传达的情感与中秋的内涵有关,150 字以内。

【同学分享】

我会把圆想象成金灿灿的月饼。每当抬起头仰望夜空上的那轮圆月,我就想到了月饼。那月饼的圆寄托了多少游子的思乡之情啊! 月饼是软糯香甜的,好似蜜一般,它意味着家人在一起的甜美是多么的令人心醉啊! 月饼还是引人遐思的,透过那细细密密的纹路,和那带着美好祝愿的"团团圆圆"四字,就好像一眼望到亲人温暖的笑脸一样。仔细闻闻,那淡淡的甜香味扑面而来,我的脑海里浮现出了家人团聚的美好景象。

(初 1703 班　李若瑄)

【点评指导】

内容具体,想象丰富。通过月饼的外形、口感、味道,写出了中秋内涵和自己对于中秋的感悟和理解。把圆想象成月饼还是比较有创意的。在语言上措辞得当,条理清晰,比喻恰当,语言朴实。月饼的想象非常符合中秋团团圆圆的内涵,也凸显了节日特色。

四、以评促思。任选一题完成。

1. 国学大师林语堂在《苏东坡传》中这样评价苏东坡:"苏东坡是个秉性难改的乐天派,是悲天悯人的道德家,是黎民百姓的好朋友,是散文作家,是新派的画家,是伟大的书法家,是酿酒的实验者,是工程师,是假道学的反对派,是瑜伽术的修炼者,是佛教徒,是士大夫,是皇帝的秘书,是饮酒成癖者,是心肠慈悲的法官,是政治上的坚持己见者,是月下的漫步者,是诗人,是生性诙谐爱开玩笑的人。可是这些也许还不足以勾绘出苏东坡的全貌。我若说一提到苏东坡,在中国总会引起人亲切敬佩的微笑,也许这话最能概括苏东坡的一切了。"看了本书的苏东坡专题,在你的心目中苏东坡又是一个什么样的人呢?我想你一定有很多话想对他说。请以"苏东坡,我想对你说"为题,写一篇文章。

【同学分享】

苏东坡,我想对你说

初 1510 班　牛亭焰

一个星期前,我对您的认识还停留在几首优美的诗词、游记的作者而已。从小学开始学您的《题西林壁》起,没有觉得您和其他诗人、词人有任何区别,正如李白、杜甫一般。那个时候,我更没有想到在古代,诗人是会遭受像您这般惨痛的经历的。于是,在上了初二后,从一次偶然的机会中得以了解您:通过阅读《苏东坡传》。您一定是看不到一千多年后的人是如何评价您的——或许您也不在意——但从我现在对您的了解来说,我对您是由衷敬佩的。

您还是少年的时候,便在诗词上有过人的才能,使我羡慕。要知道我们现在的孩子,很少有人说过×××在语文上有独特的天赋。就算成绩好,也只会是"后天努力"

的。当我看到很多诗人的简介上都有类似内容时,以及许多音乐家在很小的时候就体现出音乐过人的一面时,便有些怀疑:这是真的吗?还是只是个传说?我对这件事十分好奇,但也十分可惜听不到您的回答。

书中也提到您年轻时"轻松愉快,壮志凌云,才气纵横而不可抑制,一时骅骝长嘶,奋蹄蹴地,有随风飞驰,征服四野八荒之勇"。我想,正是这样的您,独显出与其他诗人不太一样的气派,性格上的大胆、善良与敢爱敢恨,才决定了后来的路该怎样走。您的诗句是有感而发,自然流露,其中的真情实感不仅为当时的大文豪所喜爱,也让现代社会的人们流传、流连,自然而然会被一直传颂下去。或许您在年轻时,是有想到过让自己的诗词流芳百世,但是当您在参与了政治活动,被贬谪流放时,在得知带有自己名字的碑文都将被毁掉时,您是否还抱有这样的想法?当然,您确实没有理由不存在这种想法。在您心中一定是乐于为百姓与朝廷服务的,您坚信自己是清白的。虽然您曾经想过死亡,但一定还是那种乐观的精神与对好友、家人的牵挂才打消了这个念头。这,是我应该学习的。我想在那种情况下,您不会再考虑这方面的问题,而是"我不在了,亲人会怎么样?老百姓会怎么样?"现在社会中的人,大概只会把自身利益排在第一位吧。

有关宗教,在二十一世纪信佛的人可以说是越来越少,儒家思想也只是古代的想法,对于信神信鬼的人我们称其为迷信。但显然这些话对您来说是极为不合适的。这让我想到,佛教、道家等作为中国古代文化的一部分,是应当传承下来的,哪怕只有一小部分人。可这也意味着人们不能对它有所排斥,您也一定想不到您曾经如此喜爱的东西现在却不太流行了吧。

一千多年过去了,您是必然看不到我们任何一个让您骄傲或者生气的后人,但是您正直率真的品质一定不会被人遗忘。现在那么多仰慕您的人不仅是为您的诗词书画所折服,更大一部分是您的品性。苏东坡,我想对您说:谢谢您,并且请放心,我们会追寻着您一路走下去,因为您,是一直伴着我们的。

【点评指导】

这是一场心灵的对话。作者通过《苏东坡传》对苏东坡有了更深刻的了解。但作者并没有停留在对苏东坡生平的介绍上,他更深入地思考在面临巨大磨难时,意气风发的苏东坡如何的转变与不变。尤其作者能够联系实际思考儒释道的价值,对中国古代文化的传承的忧虑体现了思考的深度。如果这里能结合苏东坡身上的儒释道进行分析将会更准确有力。

2．中国的农历每个月都有 15 日，每个月都有一个月圆之日。为什么代表团圆的中秋节定在了八月十五日呢？你猜测一下原因，用专题中的选文和你的生活经验，作为你猜测的依据。写出你的看法。

【同学分享】

为什么中秋节在八月十五日

初 1703 班　江佳芮

今年的我十二岁了，已经度过十二个中秋节。那么，在度过第十三个中秋节以前，我想猜猜中秋节为什么会在八月十五。

理论上来讲，每个月都有一天月亮很圆，而为什么选了八月十五这天作为中秋节呢？父亲告诉我，有实验证明八月十五的月亮是十二个月中最圆的，但我以为，这个论证还没有足够的依据。母亲觉得，定是因为大家都喜欢在八月十五这天团圆，或者在这天发生了一些有关团圆的故事。总之，我知道这天的月亮真的很圆。

有朋友问我，为什么中秋节不在三月十五、四月十五，偏在八月十五呢？我仔细想了想，得出了几个结论。首先，八月十五是夏末之际，果实都快成熟，大家团圆也就有了可以庆祝的美食。其次，其他的月份这天不是有些冷，就是有些热，还有的因天气导致交通不便利，而八月十五这天，恰巧是凉爽而不寒冷，温暖而不炎热。最后，或许也有些机缘巧合的成分吧，不知是谁将这个节日广传开来，也许他在这天彻悟了家的内涵……

也许是因为总有人在历尽千难万险后在这天和家人团圆，经过时间流逝，代代人都是这样，自然成了佳节。可既然代代人都是这样，现在的人为什么就只盼着这个节日放的那几天假，有时连这天到底是什么节都不知道。我不得不为中华传统节日的传承担忧啊。

也许只不过是古代皇帝觉得这日月圆，一时兴起便选了这日。也许……

我觉得，就算中秋节的日期是嫦娥托梦给当时制定法律的人都不足为奇。我们只要记得，家才是你心的归属，和家人团圆是世界上最幸福的事情。一家人吃着香甜的月饼，赏着圆圆的月亮，挂着欢快的笑容，才是中秋节该有的样子啊。

【点评指导】

　　这是一个孩子对为什么中秋节定在八月十五日的想象。想象有现实的理由，因为季节和天气的适合；也有浪漫的成分，也许是皇帝一时兴起或嫦娥托梦。想象有理性的思考，也有孩子的天真，并且小作者进一步提出了如何传承传统文化的问题，令人深思。如果这里的合理想象能加入一点典籍的佐证，将会更科学。

综 合 实 践

　　1. 学唱《水调歌头·丙辰中秋》（《九宫大成谱》版本），体会这首经典中秋词作的情感内涵和人生哲理。

　　2. 以你们家的故事为蓝本，按古诗词的格律，创作一首古诗词，突出中秋主题和家庭特色。

【同学分享】

蝶 恋 花

初 1703 班　陈映雪

　　玉兔东升秋月皓。闲步庭间，木蓿暗香绕。广寒仙子盈盈笑，玉颊微醺展颜俏。

　　人间匆匆欢情闹，彩云曾归，几许清风悄。今夕中秋正年少，惟愿勿被流年抛。

【点评指导】

　　这首《蝶恋花》音韵和谐，颇有意趣。上阕写景，叙写月下漫步庭院赏月，"秋月"二字暗合中秋主题。庭院中月色皎洁，暗香萦绕，渲染出一片清幽之境。下阕抒情，抒发岁月匆匆，今时年少他年几何之感慨。"今夕中秋正年少，惟愿勿被流年抛"又有流年匆匆，应把握年少的少年意气。整首词用词典雅，情韵悠长。

　　3. 和班级的同学玩一次中秋主题飞花令。

　　飞花令游戏规则：确定一个关键字，选手轮流背诵含有关键字的诗句，背不出或背错者淘汰，剩下的人继续游戏，背到最后者为胜。

　　4. 用你以及至少一个亲人的名字（汉语版）设计一个亲子签名。要求单纯用字的笔画，不能辅助线条和图画，要求富有创意。

【同学分享】

初 1703 班　周子楠

签名的主体是一个圆形,而我和爸爸的名字就在里面。两个名字的笔画相连,意为一家人就一定要在一起。名字里的姓,是祖辈传承下来的,同时也是名字里面最重要的一部分。我和爸爸都姓周,所以在签名里面,"周"字占了最大的面积。我是爸爸的女儿,名字里又带着一个"子"字,正好就可以与爸爸名字里的"广"和"荣"相对应起来。爸爸的性格比较憨厚、纯朴,我却有点调皮。所以在签名里,爸爸名字的笔画要比我更粗一些。不难发现,签名从外面看就像个橘子。我和爸爸都最爱吃橘子,所以当我看到快完工的签名时,立刻就想到了它。

【点评指导】

这位同学的名字设计独具匠心。整体是一个圆形,上方还设计了一个小柄和两片小叶子,形似橘子,令人想到长妈妈给小鲁迅吃的"一年到头,顺顺溜溜"的福橘,寓意美好。作为父女共有的姓"周"占了最大面积。爸爸的名字笔画粗,女儿的名字笔画细,体现出各自的性别和性格特点。这些小细节体现出设计者的心思细腻。

更上层楼

⊙ 阅读理解

北京的春节

老 舍

照北京的老规矩,春节差不多在腊月的初旬就开始了。"腊七腊八,冻死寒鸦",这是一年里最冷的时候。在腊八这天,家家都熬腊八粥。粥是用各种米,各种豆,与各种干果熬成的。这不是粥,而是小型的农业展览会。

除此之外,这一天还要泡腊八蒜。把蒜瓣放进醋里,封起来,为过年吃饺子用。到年底,蒜泡得色如翡翠,醋也有些辣味,色味双美,使人忍不住要多吃几个饺子,在北京,过年时,家家吃饺子。

孩子准备过年,第一件大事就是买杂拌儿。这是用花生、胶枣、榛子、栗子等干果与蜜饯掺和成的。孩子们喜欢吃这些零七八碎儿。第二件大事是买爆竹,特别是男孩子们。恐怕第三件事才是买各种玩意儿——风筝、空竹、口琴等。

孩子们欢喜,大人们也忙乱。他们必须预备过年吃的、喝的、穿的、用的,好在新年时显出万象更新的气象。

腊月二十三过小年,差不多就是过春节的"彩排"。天一擦黑,鞭炮响起来,便有了过年的味道。这一天,是要吃糖的,街上早有好多卖麦芽糖与江米糖的,糖形或为长方块或为瓜形,又甜又黏,小孩子们最喜欢。

过了二十三,大家更忙。必须大扫除一次,还要把肉、鸡、鱼、青菜、年糕什么的都预备充足——店铺多数正月初一到初五关门,到正月初六才开张。

除夕真热闹。家家赶做年菜,到处是酒肉的香味。男女老少都穿起新衣,门外贴上了红红的对联,屋里贴好了各色的年画。除夕夜家家灯火通宵,不许间断,鞭炮声日夜不绝。在外边做事的人,除非万不得已,必定赶回家来吃团圆饭。这一夜,除了很小的孩子,没有什么人睡觉,都要守岁。

正月初一的光景与除夕截然不同:铺户都上着板子,门前堆着昨夜燃放的爆竹纸皮,全城都在休息。

男人们午前到亲戚家、朋友家去拜年。女人们在家中接待客人。城内城外有许多寺院举办庙会,小贩们在庙外摆摊、卖茶、食品和各种玩具。小孩们特别爱逛庙会,为的是有机会到城外看看野景,可以骑毛驴,还能买到那些新年特有的玩具。庙会上有赛马的,还有赛骆驼的。这些比赛并不争谁第一谁第二,而是在观众面前表演马、骆驼与骑者的美好姿态与娴熟技能。多数的铺户在正月初六开张,不过并不很忙,铺中的伙计们还可以轮流去逛庙会、逛天桥和听戏。

元宵上市,春节的又一个高潮到了。正月十五,处处张灯结彩,整条的大街像是办喜事,红火而美丽。有名的老铺子都要挂出几百盏灯来,各形各色,有的一律是玻璃的,有的清一色是牛角的,有的都是纱灯,有的通通彩绘全部《红楼梦》或《水浒传》故事。这在当年,也是一种广告。灯一悬起,任何人都可以进到铺中参观;晚上灯中点上烛,观者就更多。

小孩子们买各种花炮燃放,即使不跑到街上去淘气,在家中照样能有声有光地玩耍。家中也有灯:走马灯、宫灯、各形各色的纸灯,还有纱灯,里面有小铃,到时候就叮叮地响。这一天大家还必须吃汤圆呀!这的确是美好快乐的日子。

一眨眼,到了残灯末庙,春节在正月十九结束了。学生该去上学,大人又去照常做事。腊月和正月,在农村正是大家最闲在的时候。过了灯节,天气转暖,大家就又去忙着干活了。北京虽是城市,可是它也跟着农村一齐过年,而且过得分外热闹。

1. 本文第1~6段主要描写了腊八到除夕前北京春节的风俗习惯,请你根据这些内容补充下表:

时　　间		风　俗　习　惯
腊八		
腊八到腊月二十三	孩子们	
	大人们	
		过春节的"彩排",吃糖。
腊月二十三后		

2. 第 7 段主要描写了北京除夕的什么风俗,突出了北京除夕的什么特点?

3. 第 10、11 段主要描写了北京元宵节的精彩场面,从文章来看元宵节又叫_____。在老舍笔下,北京元宵节的灯有哪几种材质?

参考答案

1. 空一:家家都熬腊八粥。空二:第一件大事就是买杂拌儿。第二件大事是买爆竹。恐怕第三件事才是买各种玩意儿——风筝、空竹、口琴等。空三:预备过年吃的、喝的、穿的、用的。空四:腊月二十三。空五:必须大扫除一次,还要把肉、鸡、鱼、青菜、年糕什么的都预备充足。

2. 做年菜,穿新衣,贴对联,贴年画,放鞭炮,吃年夜饭,守岁。热闹。

3. 做灯节。玻璃的,牛角的,纱灯,纸灯。

放　风　筝

梁实秋

我以为放风筝是一件颇有情趣的事。人生在世上,局促在一个小圈圈里,大概没有不想偶然远走高飞一下的。出门旅行,游山逛水,是一个办法,然亦不可常得。放风筝时,手牵着一根线,看风筝冉冉上升,然后停在高空,这时节仿佛自己也跟着风筝飞起了,俯瞰尘寰,怡然自得。我想这也许是自己想飞而不可得,一种变相的自我满足罢。春天的午后,看着天空飘着别人家放起的风筝,虽然也觉得很好玩,终不若自己手里牵着线较为亲切,那风筝就好像是载着自己的一片心情上了天。真是的,在把风筝收回来的时候,心里泛起一种异样的感觉,好像是游罢归来,虽然不是扫兴,至少也是尽兴之后的那种疲惫状态,懒洋洋的,无话可说,从天上又回到了人间。

放风筝还可以"送幡"(俗呼为"送饭儿")。用铁丝圈套在风筝线上,圈上附一长纸条,在放线的时候丝圈和长纸条便被风吹得慢慢地滑上天去,纸幡在天空飞荡,直到抵达风筝脚下为止。在夜间还可以把一盏一盏的小红灯笼送上去,黑暗中不见风筝,只见红灯朵朵在天上游来游去。

放风筝有时也需要一点点技巧。最重要的是在放线松弛之间要控制得宜。风太劲,风筝陡然向高处跃起,左右摇晃,把线拉得绷紧,这时节一不小心风筝便会倒栽下去。栽下去不要慌,赶快把线一松,它立刻又会浮起,有时候风筝已落到视线所不能及的地方,依然可以把它挽救起来,凡事不可操之过急,放松一步,往往可以化险为夷,放风筝亦一例也。技术差的人,看见风筝要栽筋斗,便急忙往回收,反而加强其危险性,以致于不可收拾。风筝落在树梢也不要紧,这时节也要把线放松,乘风势轻轻一扯便会升起,性急的人用力拉,便愈纠缠不清,直到把风筝扯碎为止。在风力弱的时候,风筝自然要下降,线成兜形,便要频频扯抖,尽量放线,然后再及时收回,一松一紧,风筝可以维持于不坠。

①好斗是人的一种本能。②放风筝也可表现出战斗精神。③发现邻近有风筝飘起,如果位置方向适宜,便可进行争斗。④法子是设法把自己的风筝放在对方的线兜之下,然后猛然收线,风筝陡的直线上升,势必与对方的线兜交缠在一起,两只风筝都摇摇欲坠,双方都急于向回扯线,这时候就要看谁的线粗,谁的手快,谁的地势优了。⑤优胜的一方面可以扯回自己的风筝,外加一只俘虏,可能还有一段的线。⑥我在一季之中,时常可以俘获四五只风筝,把俘获的风筝放起,心里特别高兴,好像是在炫耀自己的胜利品。⑦可是有时候战斗失利,自己的风筝被俘,过一两天看见自己的风筝在天空飘荡,那便又是一种滋味了。⑧这种争斗并无伤于睦邻之道。⑨这是一种游戏,不发生侵犯领空的问题,并且风筝也只好玩一季,没有人肯玩隔年的风筝。

1. 放风筝是中国的传统游艺民俗活动,也是清明寒食的重要风俗。通过阅读以上文段,你认为文中哪句话最能概括选文的中心内容?

2. 第3段中,作者从放风筝中得到的启示是什么?(用原文回答)

3. 第4段中,第①②句说"好斗是人的一种本能。""放风筝也可表现出战斗精神。"而第⑧句却说"这种争斗并无伤于睦邻之道"。你觉得这样的表述矛盾吗?为什么?

参考答案

1. 我以为放风筝是一件颇有情趣的事。

2. 凡事不可操之过急,放松一步,往往可以化险为夷。

3. 不矛盾。第⑨句"这是一种游戏,不发生侵犯领空的问题,并且风筝也只好玩一季,没有人肯玩隔年的风筝。"放风筝也是一件有情趣的事。所以这种争斗是一种情趣的体现。

端 阳 忆 旧

丰子恺

我写民间生活的漫画中,门上往往有一个王字。读者都不解其意。有的以为这门里的人家姓王。我在重庆的画展中,有人重订一幅这类的画,特别关照会场司订件的人，说："请他画时在门上写一个李字。因为我姓李。"这买画人把画当作自己家里看，其欣赏态度可谓特殊至极！而我的在门上写王字，也可说是悖事之至！因为这门上的王字原是端五日正午用雄黄酒写上的。我幼时看见我乡家家户户如此，所以我画如此。岂知这办法只限于某一地带；又只限于我幼时，现在大家懒得行古之道了。许多读者不懂这王字的意思，也挺难怪的。

我幼时，即四十余年前，我乡端午节过得很隆重。我的大姐一月前制"老虎头"，预备这一天给自家及亲戚家的儿童佩戴。染坊店里的伙计祁官，端午的早晨忙于制造蒲剑：向野塘采许多蒲叶来，选取最像宝剑的叶，加以剑柄，预备正午时和桃叶一并挂在每个人的床上。我的母亲呢，忙于"打蚊烟"和"捉蜘蛛"：向药店买一大包苍术白芷来，放在火炉里，教它发出香气，拿到每间房屋里去熏。同时，买许多鸡蛋来，在每个的顶上敲一个小洞，放进一只蜘蛛去，用纸把洞封好，把蛋放在打蚊烟的火炉里煨。煨熟了，打开蛋来，取去蜘蛛的尸体，把蛋给孩子们吃。到了正午，又把一包雄黄放在一大碗绍兴酒里，调匀了，叫祁官拿到每间屋的角落里去，用口来喷。喷剩的浓雄黄，用指蘸了，在每一扇门上写王字；又用指捞一点来塞在每一个孩子肚脐眼里。据说是消毒药的储蓄；日后如有人被蜈蚣毒蛇等咬了，可向门上去捞取一点端午日午时所制的良药来，敷上患处，即可消毒止痛云。

世相无常，现在这种古道已经不可多见，端阳的面具全非昔比了。我独记惦门上这个王字，是为了画中的门上的点缀。光裸裸的画一扇门，怪单调的；在门上画点东西呢，像是门牌，又不好看。唯有这个王字，既有装饰的效果，又有端阳的回想与纪念的意味。从前日本废除纸伞而流行"蝙蝠伞"（就是布制的洋伞）的时候，日本的画家大为惋惜。因为在直线形过多的市街风景中，圆线的纸伞大有对比作用，有时一幅市街风景画全靠一顶纸伞而生成；而蝙蝠伞的对比效果，是远不及纸伞的。现在我的心情，正与当时的日本画家相似。用实利的眼光看，这事近于削足适履。这原是"艺术的非人情"。

1. 文章写了端午的哪些"古道"？请分点概括回答。

2. 文章开头说，"我写民间生活的漫画中，门上往往有一个王字。"这是为什么？根据文章内容简要回答。

3. 关于这篇文章的主题，有人认为是"解答画中王字的意思和来源"，也有人认为是"探究艺术与生活的关联"。你同意这两种说法吗？请根据文义简要说明理由。

参考答案

1．制"老虎头"给儿童佩戴；制造蒲剑；打蚊烟和捉蜘蛛；喷雄黄酒，写王字。

2．点缀画中的门，既有装饰效果，又有端阳的回想和纪念的意味。

3．两种说法都不正确，由标题"端阳忆旧"可知，文章是回忆往昔"古道"，表达对家乡端午的怀念；而"解答画中王字的意思和来源"只是为了引出端午节，对于"艺术的非人情"观点只是作者回忆后的一点感慨。

月 到 天 心
林清玄

二十多年前的乡下没有路灯，夜里穿过田野要回到家里，差不多是摸黑的，平常时日，都是借着微明的天光，摸索着回家。

偶尔有星星，就亮了很多，感觉到心里也有星星的光明。

如果是有月亮的时候，心里就整个沉淀下来，丝毫没有了黑夜的恐惧。在南台湾，尤其是夏夜，月亮的光格外有辉煌的光明，能使整条山路都清清楚楚地延展出来。

乡下的月光是很难形容的，它不像太阳的投影是从外面来，它的光明犹如从草树、从街路、从花叶，乃至从屋檐下、墙垣内部微微地渗出，有时会误以为万事万物的本身有着自在的光明。假如夜深有雾，到处都弥漫着清气，当萤火虫成群飞过，仿佛是月光所掉落出来的精灵。

每一种月光下的事物都有了光明，真是好！

更好的是，在月光底下，我们也觉得自己心里有着月亮、有着光明，那光明虽不如阳光温暖，却是清凉的，从头顶的发到脚尖的指甲都感受月的清凉。

走一段路，抬起头来，月亮总是跟着我们，照着我们。在童年的岁月里，我们心目中的月亮有一种亲切的生命，就如同有人提灯为我们引路一样。我们在路上，月在路上；我们在山顶，月在山顶；我们在江边，月在江中；我们回到家里，月正好在家屋门前。

直到如今，童年看月的景象，以及月光下的乡村都还历历如绘。但对于月之随人却带着一丝迷思，月亮永远跟随我们，到底是错觉还是真实的呢？可以说它既是错觉，也是真实。由于我们知道月亮只有一个，人人却都认为月亮跟随自己，这是错觉；但当月亮伴随我们时，我们感觉到月是唯一的，只为我照耀，这是真实。

长大以后才知道，真正的事实是，每一个人心中有一片月，它是独一无二、光明湛然的，当月亮照耀我们时，它反映着月光，感觉天上的月也是心中的月。在这个世界上,每个人心里都有月亮埋藏,只是自己不知罢了。只有极少数的人,在最黑暗的时刻,仍然放散月的光明,那是知觉到自己就是月亮的人。

这是为什么禅宗把直指人心称为"指月",指着天上的月教人看,见了月就应忘指;教化人心里都有月的光明,光明显现时就应舍弃教化。无非是标明了人心之月与天边之月是相应的、含容的,所以才说"千江有水千江月,万里无云万里天",即使江水千条,条条里都有一轮明月。从前读过许多诵月的诗,有一些颇能说出"心中之月"的境界,例如王阳明的《蔽月山房》:

> 山近月远觉月小,便道此山大于月;
>
> 若人有眼大如天,当见山高月更阔。

确实,如果我们能把心眼放开到天一样大,月不就在其中吗?只是一般人心眼小,看起来山就大于月亮了。还有一首是宋朝理学家邵雍写的《清夜吟》:

> 月到天心处,风来水面时;
>
> 一般清意味,料得少人知。

月到天心、风来水面,都有着清凉明净的意味,只有微细的心情才能体会,一般人是不能知道的。

我们看月,如果只看到天上之月,没有见到心灵之月,则月亮只是极短暂的偶遇,哪里谈得上什么永恒之美呢?

所以回到自己,让自己光明吧!

(选自林清玄菩提系列散文《星月菩提》)

1. 本文主体写的是月,开头第一段为什么要从"摸黑回家"写起?

2. 文章题为"月到天心",请说说这个文题有什么好处?

3. 作者在文中引用了王阳明的《蔽月山房》和邵雍的《清夜吟》两首诗有何作用?

参考答案

1. 第一段写摸黑回家,意在引出后文月亮为黑暗中的人和事物带来光明,使"我"内心沉淀不再恐惧;运用衬托手法,凸显月亮及光明对于万事万物的价值和意义。

2. ①交代了本文的写作内容;②引自邵雍《清夜吟》,营造出一种空灵的意境,典雅生动,给人清凉明净的感觉;③"天心"可理解为"天"与"心","月到天心"暗示"心灵要有月般的光明"的文章主旨(写暗示文章的主旨亦可)。

3. ①以诗入文,丰富了文章内容,使文章富有诗意与美感;②借诗表达主旨,灵巧、形象生动。

⊙ 文章写作

如何进行场面描写

场面描写,就是对一个特定的时间与地点内,许多人物活动情况的描写。它往往要表现出在一个特定时间、地点内一种特定的气氛,是自然环境、社会环境、人物活动的集中体现。场面描写要把活动的场面和情景有重点地、具体地进行描写,展示一幕幕精彩的画面,使人有一种身临其境的感觉。

那么怎样才能更好地进行场面描写呢?下面教你几个方法。

一、交代背景

场面描写首先要交代清楚场面发生的时间、地点、环境及参与者,让别人明白你笔下的场面描述的什么活动,什么事件。

终于熬到了年除夕,这天下午,女人们带着女孩子在家包饺子,男人们带着男孩子去给祖先上坟。而这上坟,其实就是去邀请祖先回家过年。上坟回来,家里的堂屋墙上,已经挂起了家堂轴子,轴子上画着一些冠冕堂皇的古人,还有几个像我们在忆苦戏里见过的那些财主家的戴着瓜皮小帽的小崽子模样的孩子,正在那里放鞭炮。轴子上还用墨线起好了许多的格子,里边填写着祖宗的名讳。轴子前摆着香炉和蜡烛,还有几样供品——无非是几颗糖果,几片饼干。讲究的人家还做几个碗,碗底是白菜,白菜上面摆着几片炸的焦黄的豆腐之类的东西。不可缺少的是要供上一把斧头,取其谐音"福"。这时候如果有人来借斧头,那是要遭极大的反感的。院子里已经撒满了干草,大门口放一根棍子,据说是拦门棍,拦住祖宗的骡马不要跑出去。(《过去的年》)

这一段场面描写首先交代了是年除夕的下午,女人们和男人们分别按习俗在做什么。再次交代了祭祀时的环境。堂屋墙上挂起了家堂轴子,轴子前摆着香炉、蜡烛和供品,还有斧子。院子里撒满了干草,大门口放一根棍子。读者立刻就被带入旧时过年庄重、吉庆的氛围中。

二、点面结合

写场面时,可以先对场面有个总体概括,使读者对总体面貌有所了解。再对场面中的重点部分具体描绘,要写详细、写具体,做到有面、有点。

每只船可坐 12 个到 18 个桨手,一个带头的,一个鼓手,一个锣手。桨手每人持一支短桨,随了鼓声缓促为节拍,把船向前划去。带头的坐在船头上,头上缠裹着红布包头,手上拿两支小令旗,左右挥动,指挥船只的进退。擂鼓打锣的,多坐在船只的中部,船一划动便即刻嘭嘭锵锵把锣鼓很单纯的敲打起来,为划桨水手调理下桨节拍。(《端午日》)

这里写赛龙舟的场面。先总体介绍每只船的人数和分工。再具体描绘桨手、带头的、擂鼓打锣的形象和动作。有面有点,场面具体生动。

三、描写多样

一般场面描写中不止一个人物,而每个人的表现各不相同。如果能够把场景中不同人物的不同表现用多种描写方法刻画出来,这个场景就立体丰满了。

因为草好,灶膛里火光熊熊,把半个院子都照亮了。锅里的蒸汽从门里汹涌地扑出来——白白胖胖的饺子下到锅里去了。每逢此时,我就油然地想起那个并不贴切的谜语:从南来了一群鹅,扑棱扑棱下了河。饺子熟了,父亲端起盘子,盘子上盛了两碗饺子,往大门外走去,男孩子举着早就绑好了鞭炮的竿子紧紧地跟随着。父亲在大门外的空地上放下盘子,点燃了烧纸后,就跪下向四面八方磕头。男孩子把鞭炮点燃,高高地举起来。在震耳欲聋的鞭炮声中,父亲完成了他的祭祀天地神灵的工作。回到屋子里,母亲、祖母们已经欢声笑语了。(《过去的年》)

这是除夕夜的一段场面描写。首先炉膛里的火光和锅里的蒸汽给这个特殊的夜晚增加了热烈的气氛。再写了父亲、男孩子和母亲、祖母的活动。男孩子放炮,父亲祭祀,母亲、祖母欢声笑语。每个人的活动都符合各自的身份特点,其中重点写了父亲的活动,因为家中的成年男子祭祀是除夕夜的重要活动。

四、突出气氛

气氛是人在一定环境中看到的景象或感觉到的一种情绪或感情。什么样的场面,就会有什么样的特定的气氛,如庆祝场面有欢乐的气氛;比赛场面有紧张的气氛;送别场面有惜别的气氛,等等。气氛的营造可以利用对特定环境的描绘或者对人物的神态、举止的刻画。

在这久违的大雪里,没有污垢与阴影,夜空被照得发亮,那些点灯的窗子充满金色而幽深的温暖。只有在这种浓密的大雪中的年,才更有情味。中国人的年是红色的,与喜事同一颜色。人间的红和大自然的银白相配,是年的标准色。那飞雪中飘舞的红吊钱,被灯笼的光映红了的雪,还有雪地上一片片分外鲜红的鞭炮碎屑,深深嵌入我们儿时对年的情感里。(《年夜思》)

这段文字写过年时的场景。用银白的大雪、金色的窗子、红吊钱、红灯笼、红鞭炮碎屑营造了浓浓的年味儿。

五、安排顺序

场面是由人、事、景、物组合起来的综合画面，不可能几笔就同时都写出来。因此，写场面时要安排好先后的顺序。一般是先写景，营造特定的氛围，再写人写事，或者写人写事中穿插着景物。

石桌陈列于花园中高大的苍松翠竹之下。最上面，一只蝉向一条小河飞去，河岸花竹茂密。主人的两个侍妾，梳高发髻，戴甚多首饰，侍立于桌后。苏东坡头戴高帽，身着黄袍，倚桌作书，驸马王诜在附近观看。在另一桌上，李公麟正在写一首陶诗，子由、黄庭坚、张耒、晁补之都围在桌旁。米芾立着，头仰望，正在附近一块岩石上题字。秦观坐在多有节瘤的树根上，正在听人弹琴，别的人则分散各处，以各种姿势，或跪或站，下余的则是和尚和其他文人雅士了。（《苏东坡传》）

这里写十六位名家聚会于驸马王诜庭园之中的"西园雅集"。这样的聚会场面，人物众多，如何安排顺序？作者首先写了聚会的庭院。石桌、苍松翠竹、蝉、小河、茂密花竹勾勒出了聚会的环境，清雅而生机勃勃。这是名家雅会的氛围。然后依次写了桌后的侍妾，桌边作书的苏东坡，观看的驸马王诜，另一桌写诗的李公麟，围观的子由、黄庭坚、张耒、晁补之，附近题字的米芾，坐树根上听琴的秦观，分散各处不同姿态的众人，下余的和尚和其他文人雅士。场景中，次序井然、层次清晰、重点突出。

写 作 实 践

1. 一代又一代的中国人遵循着老祖宗的传统度过春节、清明节、端午节、中秋节这些传统节日。你在哪个节日里深切感受到了传统文化？请描述一下你的经历，并谈谈你的感受。请在"守""传""凝聚"中任选一题，完成一篇作文。

【同学分享】

守

初 1611 班 黄子馨

清明时节的雨淅淅沥沥，手中新摘的白梨花淌下眼泪，奶奶的眼眶仍红着，屋中桌上多了三根香烛，袅袅青烟迷蒙了我对那年清明的回忆……

梨花正好，正是老家屋后梨树开花的季节。我惦着老家的梨子，每当这时，奶奶就眯着眼笑："你太爷爷——我爸给你打理的梨树好着呢！每天浇水，就为了给他重孙女你吃呢!"以至于我不能明白在老家身体康健的太爷爷怎么就突然不行了呢？奶奶红着眼眶连夜和我坐火车来到这位我没见过几面的太爷爷跟前时，我脑中模糊的印象终于和眼前的人重叠上。长年劳作而黝黑的皮肤上沟壑纵横，输着液的手上因常年提水浇树满是茧子，夹着伤痕，骨节突出。他已睁不开眼，奶奶凑到他耳边说，我，他的重孙女来看他了。他眼睛眯紧了些，是我家人惯常笑的动作，勉力说了几个字。奶奶愣住了，半晌，红着眼眶对舅爷爷说："爸说他那院子梨给他重孙女，骨灰不入土，给重孙女放在家中，他替着守家宅。"老家传说：逝者为后辈守家宅便是放弃轮回，用着灵魂保家宅不被邪人侵害。那一年，梨花正好，花落间，他用坟冢，守我家宅。

梨花正好，正是第一年清明，我头戴白梨花，跪在屋内的蒲团上，恭恭敬敬地磕了几个头，虽不是养在太爷爷膝下，但那份血脉至亲仍让我鼻头发酸。重孙辈女孩就我一个，太爷爷最惦着远在北京的我，我爱吃梨，他便辛勤打理着院中梨树，只为我几年一次回老家。我慢慢往火盆里扔纸钱、纸金元宝等物什，看它们被火舌吞尽。奶奶泪眼模糊，仍不忘让我在火盆上烤手，吃几块祭完的糕点，来保佑身体安康。我有些好笑："太爷爷真忙啊！还要守我身体健康。"忽的心中泛酸，眼泪终落了下来。是啊，真忙啊，逝去了还要惦着我，守着我。清明祭祖，他终于能受他呵护的重孙女磕个头。受了那微不足道的谢意，便护着重孙女过新的一年，不亏吗？那一年，梨花正好。恍惚间，他说不亏，守我一岁。

梨花正好，班中竟有同学于清明过生日。欢声笑语间，我忽的看到窗外梨花如雪，想到太爷爷，不禁生出"亲戚或余悲，他人亦已歌"的悲凉。人活一世，到头来在人间的足迹又剩几许？又有几人惦念？清明是每个逝者来到人间的证明，不是悲伤，是欢乐。是人生的终点，却不是他们留在人间痕迹的终点，因为在人间还有人记挂……我看到太爷爷踏着满地梨花愈行愈远，留下的只剩带着梨花的痕迹，便由我来守罢。那一年梨花正好，我会用一生，来守他在人间的足迹！

　　未逝忆里未逝人，

　　未逝人记已逝人。

　　逝者留得未逝花，

　　不知盛败为谁人。

【点评指导】

　　这篇文章构思巧妙，清新秀丽。用梨花贯串全文。太爷爷生前因我爱吃梨而精心打理梨树，于梨花满枝时溘然长逝，还要为我守护家宅。我看到梨花就会想到太爷爷，由我来守他在人间的足迹。全文扣题紧密，爷孙间不同的"守"，体现出共同的深情厚谊，情感动人。文中关于清明习俗的描写鲜活而有传统特色。

【同学分享】

传
——送行饺子接风面
初1712班　陈惜缘

春节是中国传统节日里最隆重的一个，也是老规矩老讲究最多的一个。每当鞭炮响起，对联贴上，每当我回想起家乡的年味，最让我恋恋不舍的就是那传承百年的送行饺子接风面的浓浓味道。

小学毕业的那年春节，妈妈带我回老家古都西安，探望年事已高的姥姥。一进家门，一股喷香的味道就扑面而来。一碗热气腾腾、花花绿绿的手擀臊子面早就端上了桌。红的萝卜、黄的鸡蛋、白的土豆、黑的木耳，还有鲜嫩的绿葱花和腌好的瘦肉丁满满地浇在劲道爽滑的面条上，好诱人啊！

姥姥盼啊盼啊盼了一年，终于等到我和妈妈回来了。她一大早就买菜，炖肉，和面，一定要为我们做上一顿最正宗的、陕西人最爱吃的、走到哪里都忘不掉的家乡手擀臊子面。而我和妈妈则迫不及待地端起大海碗，吸溜吸溜地吃个底朝天。吃完一抹嘴，妈妈享受地说："只有吃上这碗面，才算是真正回到了家，真正要过年了！"我缠着姥姥问："为什么回老家第一顿饭要吃面条啊？"姥姥搂着我笑着说："咱们西安人从小就好吃面条，孩子出远门久了，在外地吃不上地道的家乡饭。所以老家亲人会在接风时精心准备一碗面条，吃完这碗面就意味着见到亲人，回到家乡了，这是祖辈们一代代传承下来的风俗。"我好像听懂了，原来一碗朴实无华的臊子面里还蕴含着这么丰富的情感啊。

过年团聚的日子总是特别飞快，才给姥姥捶了几次背，才陪她逛了几次集市，才给她讲了几段校园逸事，就又要分别了。临走那天，姥姥张罗着给我们包了一顿满口流油的芹菜肉馅饺子。她说这就叫"送行饺子接风面"，三秦大地的老传统，孩子出远门最后一顿饭，必须得吃饺子，还得是双数的，因为那一个个饺子里包的全是家人长辈的无尽牵挂和美好祝福。姥姥一边包一边叮嘱我和妈妈，眼角里全是闪闪的泪花。胖胖的饺子圆鼓鼓的，似乎满是姥姥的不舍和期盼。我和妈妈把饺子吃得一个不剩，似乎这样就可以把姥姥的所有关爱都带在身边，把我们的所有惦念都留在她左右。

妈妈常说"孩子在哪里，家就在哪里；老人在哪里，家乡就在哪里。"一回想起西安老家，我就马上想到"送行饺子接风面"，觉得家乡就在姥姥亲手擀的那碗面里，亲自煮的那锅饺子里。

这些口耳相闻的老话规矩，这些代代流传的特色习俗，犹如一条丝带一根红绳，系起了家的温暖和家乡的眷恋。它让节味倍浓，让亲情缠绕，让中国传统文化的根脉扎得更深，传得更远。

【点评指导】

读完这篇文章，感觉浓浓的年味儿、浓浓的情味儿扑面而来。三秦大地的老传统，"送行饺子接风面"，这是必须要遵循的。对中国传统习俗的传承，就在姥姥一次次张罗着擀面、包饺子中，就在我和妈妈把饺子吃得一个不剩中，就在我天真的询问和姥姥认真的解答中。

【同学分享】

凝　聚

初 1701 班　张可欣

传统佳节的主题总是团圆。春节时一家人围坐在桌边，大口吃着年夜饭；清明时一家人出门踏青，边走边聊，好生热闹；端午时一家人挤在沙发上看赛龙舟，加油声似要震破屋顶；中秋时一家人互相依靠着赏月，大人们轻声为孩子讲后羿与嫦娥的故事……

又是一年八月十五，我靠在妈妈肩头，望着悬在天空中的那一轮银白的圆月，薄纱般的几缕云飘在月亮的周围。"以前的人们在中秋节干什么呢？"我突然开口，吓得身边的妈妈连连咳嗽。"我也不知道呀！"缓过神来的妈妈回答。"那月亮，你知道吗？"我仰头看着天上那轮明月，小声说着，"你一定看到过古人是怎样度过中秋节的。""在说什么呢？我们上网查一查中秋的习俗吧！"妈妈边说边拿起了手机。

吟诗、品茶、拜月、祭月、互赠月饼……原来中秋的习俗如此之多。低头看看自己手中的月饼：小小的，圆圆的，非常精致。明明不是什么奢侈的食物，入口却有种不一样的味道，无法单用平日中的酸、甜、苦、辣、咸来形容。望着那如月饼一般圆的月亮，口中不自觉地默念着苏轼的《水调歌头》："明月几时有，把酒问青天……但愿人长久，千里共婵娟"。这首流传千古的词，便是苏轼在中秋之时望月而作的。不错，月亮自古便是文人们歌颂的热点，更寄托着他们的情感：有"春风又绿江南岸，明月何时照我还"的思乡；有"人生如梦，一樽还酹江月"的惆怅；有"酒贱常愁客少，月明多被云妨"的感慨……这一轮圆月，凝聚着古往今来多少人的情感和苦楚，又凝聚着多少家的欢乐和感叹，无从得知。"姐姐！给你一块月饼！你一块，我一块，我们一起吃！"稚嫩的童音配上纯真的微笑，那一瞬，我终于知道那月饼中独有的味道是什么了：那是家的味道！

　　一家四口赏月的背影甜蜜而温暖，家家户户团聚在月光下，连苍白的月光都似乎变得温暖，空气中都充满了幸福。

【点评指导】

　　中秋节时天上的那轮明月，对中国人意味着什么？传统佳节几千年传承的习俗，对每个人意味着什么？作者在和家人欢度中秋佳节时，思接千载，浮想联翩。这种可贵的思考给文章带来了别样的韵致。"这一轮圆月，凝聚着古往今来多少人的情感和苦楚，又凝聚着多少家的欢乐和感叹。"而对十几岁的孩子来说，月饼独有的味道是家的味道。而其他的味道，在以后的岁月中，和古人一起慢慢体会吧。

　　2．中国的节俗文化源远流长，几千年来中国人按照传统的习俗度过春节、清明节、端午节、中秋节。如果现在有一个时间机器，能把你送到其中一个节日那天，你想和谁一起过？在什么地方度过？怎样过？请充分发挥你的想象，写一篇文章。你可以把自己想象成若干年前的古人，也可以想象成若干年后的未来人。

【同学分享】

元宵，闹

初 1707 班　张剑韬

　　我头晕目眩，一阵白光之后，我便站在了一条繁华的街上。整条街上的家家户户都挂上了花灯，灯上写着谜语。傍晚的天空，一轮满月嵌在被颜料染过的画纸上。今天，是元宵节。

　　远处灯火朦胧，宫殿若隐若现。旁边一家小餐馆里冒着蒸汽，旁边的客人都埋在热气腾腾里。我怀着好奇心走进店里，小二叫卖着"浮元子"。我走近一看，这不就是汤圆吗？我下意识地摸了摸兜，竟然还有一文钱。我对小二说："来一份浮元子！""好嘞！您要什么馅？""黑芝麻！"不一会儿，我便拿到了一碗热气腾腾的浮元子，沉浸在元宵的傍晚里。

　　我打了个饱嗝，摸了摸肚子。天色渐暗，一阵凉风吹过，把蒸汽吹散了大半。街上行人来来往往，热闹非凡。挂着的花灯亮了起来，有的形似走兽，有的宛若飞鸟，远处俨然有个大佛，蹲在那里笑眯眯的。灯下有一簇人在小声议论，我也凑了过去。只见灯上写着"黑不是，白不是，红黄更不是……"这不就是纪晓岚出的谜题吗？看着皇帝、大臣们抓耳挠腮的样子，我不禁"扑哧"一笑，轻轻地说了一句："谜底是'谜语'。""谁说的谜语？"就在别人感到奇怪的时候，我已经悄悄溜进了人群之中。

前方灯火辉煌,我钻进人群里,好不容易挤到前面。一头红黄色的狮子正张牙舞爪,旁边的小孩挥舞着手中的玩具。这就是传统的"舞狮"吧?只见戏狮人手持花球,引导着狮子或跑或跳,或摇头或摆尾,在一阵阵如浪的人声中,和着元宵的欢声笑语沸腾着。看了一会儿,我又淹没在了人山人海之中。

远处的广场上爆竹声响,花灯缓缓转动,灯下仍围着一群人,小店仍打着"浮元子"的招牌,狮子不知疲倦地翻滚,游龙不知尽头地奔跑……这就是元宵,闹!

【点评指导】

这篇想象文写得妙趣横生。作者想象自己穿越到了清朝,和古人一起过了一次热闹的元宵节。文章的场面描写非常生动,抓住了元宵节特有的习俗:吃元宵、猜灯谜、舞狮游龙,把过节的场面写得热闹有趣。作者甚至知道汤圆早期叫"浮元子",真正有对传统习俗的了解。这个小细节更增加了文章的时代感和趣味。

⊙ 综合实践

1. 读完整个专题的文章,我们了解了很多传统节日的习俗形式,其中有不少习俗形式保留下来,也有一些已经消失。请好好思考:你觉得让传统节日始终保持活力,让传统节日中蕴含的中国文化能更好地传承下去,我们需要做些什么?

【同学分享】

传统节日是民族文化遗产,它承载着丰厚的历史文化内涵。我国的传统节日形式多样,内容丰富,是我们中华民族悠久历史文化的一个重要组成部分。我们熟悉的传统节日有春节、端午节、清明节、元宵节、中秋节和重阳节,等等。我国传统节日及其文化的形成并非一朝一夕,是中国人民智慧和经验的积累。春节吃饺子,元宵节吃汤圆,端午节吃粽子,中秋节吃月饼,等等。然而就在目前的社会中,我们的传统节日气氛越来越淡,有的节日甚至逐渐被淡忘,而西方的节日却慢慢地渗透进我们的生活中,我们应该如何做才能让我们的传统节日不会丢失呢?

首先,政府应切实加强对传统文化的管理,制定有利于传统文化保护、发扬和传承的政策制度。我们欣喜地看到,一些措施正在进行。在我们中小学校开设的语文课,增加了很多传统诗词;低年级学生每日晨读《百家姓》《三字经》,实施中华优秀传统文化教育,这些有助于引导儿童树立正确、高尚的道德观念,同时有利于我们了解和学习中国的古代文化知识并更好地传承下去。端午节、中秋节和重阳节等重要的传统节日被赋予法定节日的地位,这体现出政府重视传统节日文化。

其次,弘扬传承中国节日文化,需要社会各个行业都行动起来。比如播放与传统文化相关的电视节目、在网络上宣传节日的相关知识、开展传统节日文化的知识竞赛等。我们需要通过新闻媒体、电视、报纸等各种渠道,激发全民关于传统节日的创造力,让更多的人体会到过"节日"的感觉。而且我们在过传统节日时应挖掘节日的文化内涵,节日是传承中华民族的节日文化和优秀精神的文化空间。

最后,弘扬和传承我们的传统节日,更是我们每个青少年的职责,我们要从我做起,主动学习、了解我国传统节日的由来和发展过程,主动向身边的亲朋好友介绍节日文化和意义,传播传统节日文化概念。

(初 1702 班　雷蕾)

【点评指导】

如何传承中国传统文化,这是每个人应该思考的,也是本专题的重点。作者就这个问题从政府、行业、自身三个方面展开论述。由大到小,层次井然。作者提出的建议立足实际、切实可行,体现了思考的缜密和全面。一个初一学生能有这样的思维能力,难能可贵。

2. 2009 年 9 月底,中国端午节成功入选世界非物质文化遗产名录。假如现在我们要给春节、清明节、中秋节申遗,你会如何向申遗委员会陈述你的申遗理由?请选择春节、清明节、中秋节其中一个,写一段申遗理由,要求事实准确,有理有据。

【同学分享】

清明节申遗

初 1702 班　刘若溪

清明节又叫踏青节,在仲春与暮春之交,也就是冬至后的第 108 天。清明节是中国的传统节日之一,是祭祖和扫墓的日子。老人们通常会在这时领晚辈去祭拜先灵,是一个庄重严肃的节日。

申请理由

一,它具有悠久的历史。清明节的起源,据传始于古代帝王将相墓祭之礼,后来由民间亦相效仿,于此日祭祖扫墓,历代沿袭而成为中华民族一种固定的风俗。相传大禹治水后,人们就用"清明"之语庆贺水患已除,天下太平。此时春暖花开,万物复苏,天清地明,正是春游踏青的好时节。踏青早在唐代就已开始,历代承袭成为习惯。踏青除了欣赏大自然的湖光山色、春光美景之外,还开展各种文娱活动,增添生活情趣。

清明节流行扫墓，其实扫墓乃清明节前一天寒食节的内容，寒食相传起于晋文公悼念介子推一事。唐玄宗开元二十年诏令天下，"寒食上墓"。因清明与寒食相接，所以后来就逐渐变成了清明扫墓。

二，它属于我国农历二十四节气中的清明节气。冬至后第 108 天就是清明节气。清明节气共有 15 天。作为节气的清明，时间在春分之后。这时冬天已去，春意盎然，天气清朗，四野明净，大自然处处显示出勃勃生机。用"清明"称这个时期，是再恰当不过的。地球公转一周为黄经 360°，当地球到达黄经零度时定为春分，而后每运行 15°有一个节气，共有二十四节气。因此，节气在阳历上的日期是固定的，由于闰年的原因，所以会相差两天。二十四节气对于农民来说是口口相传的，且十分实用，已经成为农业文化不可缺少的一部分。

三，它保留并传承下来了许多风俗文化。申遗项目的存在有很大一部分原因就是因为国家渐渐开始注重过去所留存下来的文化与习俗，它向我们展示了过去人的生活习惯，风土人情，使我们古今通贯。清明节的习俗是丰富有趣的，除了讲究禁火、扫墓，还有踏青、荡秋千、踢蹴鞠、打马球、插柳等一系列风俗体育活动。相传这是因为寒食节要寒食禁火，为了防止寒食冷餐伤身，所以大家来参加一些体育活动，以锻炼身体。清明节，民间忌使针，忌洗衣，大部分地区妇女忌行路。傍晚以前，要在大门前洒一条灰线，据说可以阻止鬼魂进宅。因此，这个节日中既有祭扫祖坟生离死别的悲酸泪，又有踏青游玩的欢笑声，是一个富有特色的节日。

四，它是对祖先的"思先之敬"。明《帝京景物略》载："三月清明日，男女扫墓，担提尊榼，轿马后挂楮锭，粲粲然满道也。拜者、酹者、哭者、为墓除草添土者，焚楮锭次，以纸钱置坟头。望中无纸钱，则孤坟矣。哭罢，不归也，趋芳树，择园圃，列坐尽醉。"其一，中国古往今来，是文化底蕴极深的礼仪之邦。清明节的扫墓这一活动，就充分体现了华夏子民对于先辈恭敬的态度。生如夏花般灿烂，死如秋叶之静美，每个死者都应得到他应有的尊重。其二，它也是生者对于死者表达思念之情的一个恰好时机。死者已逝，但在世上的牵挂却仍不断，生者悲恸之时，往往都选择在清明节去看望故人。这种传统从古代延传至今，在清明时节扫墓，对于大多数中式家庭，已经成为必不可少的一部分。

已经申遗成功的端午节，是为祭奠伟大诗人屈原。那清明节所祭奠的，是千千万万个像屈原一样的先辈，他们的光辉事迹，无论是古代，还是现代，都应被人们牢牢记住！

因此,我向申遗委员会申请清明节进入世界非物质文化遗产名录,望得到批准。

【点评指导】

这份清明节申遗陈述,事实准确、清晰,内容丰富,阐述合理。该同学关注了作为二十四节气的清明,强调清明节对传统农耕文化和当代中国农业生产文化的意义,认为清明是中国人农业生产的重要经验结晶。还关注了作为中国传统节日的清明。当代清明节的精神内涵:赏春踏春和追思怀人主要是是对上巳节、寒食节的存续。围绕这两个精神内涵,形成了清明节的众多节日习俗,它们都是中国传统文化的重要内容,是值得作为遗产来进行保护的。小建议:如果该学生能更清晰地对文章的四点理由进行排序和合并组织,会更加出彩。